REACTIVA TU CEREBRO

Desarrolle su flexibilidad mental, cambie sus hábitos, deje de procrastinar y cambie sus recuerdos con la investigación neurocientífica

SANTIAGO GONZÁLEZ

Índice

Introducción

Puede que te sorprenda, pero tu cerebro a menudo juega en tu contra. Todos en la vida tenemos momentos de ansiedad y momentos difíciles. Podríamos vivirlos de forma mucho más tranquila y productiva si este grupo de neuronas no "pusiera palos en la rueda". La buena noticia es: puedes aprender a reconfigurar tu cerebro. No es difícil.

Las intervenciones contra el agotamiento que voy a sugerir son probablemente las que ya conoces. El problema es que cuando se trata de añadir otra actividad a tu agenda, las experiencias pasadas pueden haberte dejado con la expectativa de que no había suficiente tiempo, o has probado cosas como ésta antes y no has notado ningún cambio. Por lo tanto, has dejado de hacerlo.

Mi creencia es que cuando entiendas lo que ocurrió en tu cerebro para construir la desesperanza y la frustración del agotamiento, conectarás con la lógica de las intervenciones. Entonces, con la adición del modelo de videojuegos para aumentar los beneficios neuroquímicos de la actividad de tu elección, literalmente deconstruirás la red de resistencia que tu cerebro construye y restaurarás tus circuitos de confianza y motivación.

Sepa que no es su culpa Los profesores a menudo se culpan por el comportamiento problemático de los estudiantes, la incapacidad de "cubrir" cada estándar y por no diferenciar la instrucción para satisfacer las necesidades de cada estudiante. Sepa que no está solo, sino que forma parte de una creciente mayoría de educadores que se cuestionan su capacidad para seguir enseñando. Usted enseña en un momento en el que se requiere un profundo compromiso y creatividad para cumplir con las expectativas. Hay presión para enseñar demasiada información y diferenciar la instrucción para satisfacer las necesidades de todos los estudiantes, pero los recursos de apoyo necesarios están disminuyendo.

Los sentimientos de agotamiento no reflejan su capacidad de enseñanza. Los profesores que se cuestionan su capacidad para hacer su trabajo correctamente suelen estar entre los que más se exigen a sí mismos. También se esfuerzan al máximo. Cuando se enfrentan a fuerzas externas -que escapan a su control- que limitan su capacidad para alcanzar sus objetivos, aumentan las dudas, la pérdida de confianza y el agotamiento.

Lo que ofrezco desde el nexo de mi doble carrera como neurólogo y profesor de aula son interpretaciones y correlaciones de la investigación neurocientífica con la enseñanza y el aprendizaje. Los estudios de neuroimagen revelan cambios metabólicos en las regiones del cerebro en las que la actividad aumenta o disminuye en respuesta a la información emocional o sensorial.

Existen patrones específicos y reproducibles de cambio en la actividad neuronal y en las estructuras cerebrales asociadas al estrés. En el estado de alto estrés, los escaneos del sujeto revelan menos actividad en el cerebro superior, reflexivo, y más actividad en el cerebro inferior, reactivo, que dirige los comportamientos involuntarios y las respuestas emocionales. El estrés prolongado se correlaciona con un aumento estructural de la densidad y la velocidad de las conexiones neurona-neurona en las redes reactivas impulsadas por las emociones del cerebro inferior y con la correspondiente disminución de las conexiones en los centros de control consciente de la corteza prefrontal.

La explicación de estos cambios se atribuye generalmente a la neuroplasticidad del cerebro de "las neuronas que disparan juntas, se pegan". El cerebro se reconecta literalmente para ser más eficiente en la conducción de la información a través de los circuitos que se activan con más frecuencia.

A medida que interiorizas tus esfuerzos frustrados por alcanzar tus objetivos y los interpretas como un fracaso personal, tu inseguridad y estrés activan y refuerzan las redes neuronales involuntarias y reactivas de tu cerebro. A medida que estos circuitos se convierten en redes automáticas, el cerebro tiene menos éxito en la resolución de problemas y el control emocional. Cuando surgen problemas que antes habrían sido evaluados por el razonamiento cerebral superior, las redes dominantes del cerebro inferior usurpan el control.

¡Restaure la red neuronal por defecto de su cerebro!

La buena noticia es que puedes aplicar lo que ahora entiendes sobre el modo de supervivencia de tu cerebro para recuperar voluntariamente el control de tus decisiones. Es posible activar la misma neuroplasticidad que dio dominio a las redes cerebrales inferiores en el estado de agotamiento para construir una nueva respuesta por defecto más fuerte. Con más experiencias exitosas en la consecución de objetivos, puedes restaurar los circuitos que dirigirán tu cerebro para acceder a sus recursos cognitivos más elevados para la resolución creativa de problemas.

Dado que un patrón repetido de fracaso en el esfuerzo establece la respuesta de supervivencia del cerebro para retener el esfuerzo, necesitarás reforzar el patrón de esfuerzo de la meta que puede llevar al éxito. Su arma para la reconstrucción masiva puede provenir de un refuerzo muy poderoso para la neuroquímica de su cerebro: la dopamina y el placer que ésta proporciona.

Cómo planificar las instrucciones utilizando la plantilla del videojuego El combustible que motiva al cerebro a perseverar a través de retos crecientes, incluso a través de intentos fallidos, es la dopamina. Este neuroquímico produce el placer de la satisfacción intrínseca y aumenta la motivación, la curiosidad, la perseverancia y la memoria. La dopamina se libera cuando el cerebro hace una predicción o alcanza un reto y recibe la retroalimentación de que era correcto. Esto puede ocurrir en situaciones que van desde el "¡Ah, ya lo tengo!" hasta la comprensión de un chiste, pasando por la satisfacción de completar una maratón.

Al igual que el modelo de los videojuegos puede aplicarse para construir una mentalidad de crecimiento en los estudiantes, el mismo modelo puede ayudarle a reconectar su mentalidad sobre su capacidad para alcanzar los objetivos de enseñanza en la escuela. Al igual que en el modelo de los videojuegos, para obtener la respuesta de placer de la dopamina de los retos que has conseguido, tendrás que programar un reconocimiento frecuente de retroalimentación de los progresos incrementales para tu cerebro. Deberás establecer tus objetivos de "reconexión" en función de su conveniencia y de la conveniencia de que los objetivos se dividan en segmentos claros. De este modo, podrá hacer un seguimiento del progreso de sus objetivos a medida que vaya alcanzando cada reto gradual. El placer de la motivación intrínseca que acompañará al reconocimiento de cada incremento progresivo alcanzado en el camino de la meta mantendrá a tu cerebro motivado para perseverar.

Objetivo de reconexión neuronal de su cerebro La participación y la relevancia son importantes a la hora de elegir su objetivo de reconexión. Dado que su objetivo es reconectar las expectativas de su cerebro de que sus esfuerzos producirán progresos, aunque aumenten los desafíos, necesita desear realmente el objetivo. No es el momento de desafiarse a sí mismo con algo que siente que debe hacer pero que está deseando hacer, como una dieta, subir las escaleras del estadio o usar el hilo dental después de cada comida. Seleccione un objetivo que le haga disfrutar en el camino y en la línea de meta.

Los objetivos suelen ser tangibles. Algunos son visibles, como plantar un jardín o hacer cerámica en un torno. Otros son auditivos, como tocar un instrumento, o físicos, como aprender Tai Chi. Pero tu objetivo también puede ser aumentar el tiempo que dedicas a una actividad, como escribir un diario, practicar yoga o hacer bocetos.

Ejemplos de objetivos de "reconexión" Encontrarás tu objetivo de compra, pero aquí tienes algunos ejemplos para darte una idea de cómo estructurar tus nuevos objetivos.

Metas físicas Ten en cuenta que no he dicho ejercicio. No es tan motivador como "entrenar" para un objetivo físico que quieras alcanzar, aunque a menudo se solapen. Si quieres correr un 10K y si te gusta correr, el objetivo para un reto alcanzable podría ser, en primer lugar, construir la distancia empezando por la distancia base que corres cómodamente ahora. Luego, trazar los incrementos que consideres progresivos, como añadir 0,5K por día o semana. Los incrementos dependerán de lo que consideres desafiante y alcanzable. Una vez que alcances los 10K, la velocidad puede convertirse en el siguiente objetivo, de nuevo trazado en segmentos de progreso incrementales antes de empezar.

Tiro con arco Quizás después de ver Los Juegos del Hambre, el tiro con arco ha adquirido un nuevo atractivo. Una vez más, planifica los incrementos de desafío alcanzables paso a paso. Empieza con una diana casera (una inversión inicial baja) y lánzate desde un rango cercano pero desafiante. A medida que mejore la precisión, aléjese más. Registre sus resultados, anotando la distancia de cada mejora establecida como reto alcanzable.

Aprender un idioma Pero inténtelo sólo si la implicación es lo suficientemente fuerte, como planes definitivos para ir a un país donde se hable el idioma.

Videografía Si te gusta hacer vídeos o PowerPoints de alta calidad utilizando programas informáticos avanzados, prueba un éxito ahora mismo, como los vídeos que puedes hacer en animoto.com.

El valor por defecto de tu cerebro recableado cambia de Derrota a Encendido A medida que alcanzas tus objetivos incrementales y tienes repetidas experiencias de recompensa de dopamina, literalmente cambiarás los circuitos de tu cerebro. Las experiencias repetidas de esfuerzo y recompensa promueven la neuroplasticidad y esto crea una red neuronal que predice resultados positivos en la nueva red por defecto. Esto se debe a que tus objetivos de "recableado" han ayudado a tu cerebro a construir más conexiones y más fuertes en un modelo de memoria en el que el esfuerzo produce placer. Al igual que con otras redes no utilizadas, la anterior red de respuesta activa activada por el estrés cerebral que desarrollaste, la que te hacía reaccionar ante los problemas, se eliminará por desuso.

La ciencia explica el cerebro de las mujeres: Por eso es empático y "multitarea"

Los cerebros masculino y femenino son diferentes desde el momento del nacimiento y son ellos los que guían los impulsos, los valores y la propia visión de la realidad.

Esta diferencia es ciertamente el resultado de una cadena de efectos, ocurridos a lo largo de milenios, que implican la genética, las hormonas, el cerebro, los comportamientos, y que no implican ningún juicio de inferioridad o superioridad, de mayor o menor inteligencia, sino simplemente el reconocimiento del hecho de que durante la evolución, a lo largo de milenios, el hombre y la mujer han tenido papeles diferentes y por esta razón se han realizado adaptaciones cerebrales diferentes en los dos sexos, capaces de proporcionar una base neurobiológica para las diferencias de comportamiento.

Analicemos las diferencias entre los cerebros femenino y masculino.

El cerebro de la mujer pesa una media de 1.200 gramos, el del hombre un poco más: 1.350 gramos. Sin embargo, si la medición no es absoluta del peso del cerebro, sino relativa al peso del cuerpo, la diferencia se desvanece y de hecho hay una muy ligera a favor de la mujer.

En los últimos 100 años, las mujeres han superado a los hombres en inteligencia, mejorando su rendimiento en las pruebas de CI. Y esto no se debe, ciertamente, a que sus genes o el tamaño de su cerebro hayan cambiado, sino a que se han educado más y han alcanzado mayores posibilidades de expresión que en siglos anteriores.

En general, los hombres tienen más neuronas y las mujeres más conexiones.

Conexiones. Estudiosos de la Universidad de Pensilvania han sometido a una resonancia magnética a 949 personas, hombres y mujeres de distintas edades, y han comprobado que en el cerebro masculino las conexiones van de delante a atrás a lo largo del mismo hemisferio, mientras que en el femenino las conexiones son también transversales, desde el hemisferio derecho (vinculado a la intuición) al izquierdo (vinculado al pensamiento lógico).

Esto determina: a) una comunicación interhemisférica facilitada; b) un modo de funcionamiento más global, más adecuado para la comprensión intuitiva de problemas incluso complejos que el procedimiento racional y secuencial, más típico del sexo masculino.

Podemos decir, en principio, que el hombre tiene un cerebro que sigue patrones basados más en la racionalidad, mientras que en la mujer el funcionamiento cerebral es más de tipo intuitivo, que en el hombre el funcionamiento de los circuitos nerviosos es más rígido mientras que es más plástico en la mujer.

Todo esto significa que las mujeres son mejores en la multitarea, es decir, en hacer más cosas en conjunto, son más intuitivas, muestran mayor empatía, tienen mejores habilidades sociales. Los varones, en cambio, destacan en las actividades motoras, en las que se utilizan los músculos, y son más capaces de analizar el espacio, orientarse, entender los mapas.

Número de neuronas. Aunque las mujeres tienen menos neuronas, tienen áreas cerebrales con al menos un 10% más de neuronas y conexiones. Investigadores de la Escuela de Medicina de Harvard, con el uso de técnicas de neuroimagen (Rm; Pet; Spect; fRM), encontraron una mayor densidad de neuronas en áreas de la corteza temporal femenina conectadas con funciones lingüísticas y emocionales. Esto significa que las mujeres son más propensas a comunicar sus emociones verbalmente y a expresar sus sentimientos. Otras zonas más desarrolladas en el cerebro femenino son el hipocampo, principal centro de control de las emociones y formación de la memoria, y el conjunto de circuitos útiles para observar las emociones de los demás. Por eso, como escribe Louann Brizendine, neuropsiquiatra que enseña en Berkley, "las mujeres tienden a desarrollar habilidades únicas y extraordinarias: una mayor agilidad verbal, la capacidad de establecer profundos lazos de amistad, la capacidad casi mediúmnica de descifrar las emociones y los estados de ánimo a partir de las expresiones faciales y el tono de voz, y la maestría para aplacar los conflictos". "Una diferencia importante por las repercusiones funcionales que pueden derivarse de ella es la relativa a un área considerada guardiana de las emociones, llamada amígdala por la forma que la asemeja a una almendra. La amígdala es el centro cerebral del miedo, la ira y la agresividad, y es más grande en los hombres que en las mujeres.

Pero, más allá del tamaño, la amígdala funciona de forma diferente en los dos géneros.

La amígdala femenina se activa más fácilmente con los matices emocionales. Cuanto más fuerte sea la respuesta de la amígdala, más detalles registrará el hipocampo para almacenar esa experiencia en la memoria. Como las mujeres tienen un hipocampo relativamente más grande, pueden recordar los detalles más finos de las experiencias emocionales, sus primeras citas y las peleas más feroces, mientras que los hombres apenas recuerdan que esos eventos tuvieron lugar. En los humanos, sin embargo, la amígdala, que es la zona más primitiva del cerebro, mantiene principalmente sus funciones más ancestrales, las que registran los miedos y desencadenan la agresividad. En consecuencia, es más fácil que un hombre se enfade. Esto puede explicar por qué, ante una situación de estrés o de ira o de miedo, la mujer tiende a activar principalmente los circuitos emocionales, y la reacción tiene siempre una connotación afectiva; el hombre activa el córtex prefrontal, por lo que la respuesta es predominantemente motora y orientada a la acción física. Por eso, muchos hombres pueden llegar a la confrontación física en segundos, mientras que muchas mujeres hacen todo lo posible por evitar el conflicto. Incluso en estas diferencias de comportamiento podemos encontrar una explicación evolutiva: ante un peligro la mujer debía proteger a la prole, intentar calmar los conflictos, mientras que la tarea del hombre era atacar y alejar al agresor. En la determinación de las diferencias entre ambos cerebros, junto al evolucionismo, también entran en juego las hormonas sexuales. Según muchos científicos, las peculiaridades biológicas de la mujer -la menstruación, el embarazo, la lactancia, el parto, el cuidado de los hijos- influyen mucho en el desarrollo cognitivo, social y conductual de su cerebro.

Tenemos dos cerebros

El revolucionario descubrimiento del cerebro abdominal: recuerda, tiene neurosis y domina al "colega" más noble. Sólo nos fijamos en el cerebro de la cabeza porque es la sede de la conciencia, pero -como se dice- a menudo es el vientre, o mejor dicho, los centros nerviosos recién descubiertos los que deciden.

El camino de la comida desde el estómago hasta el ano es largo: primero, 30 cm de duodeno, luego 5 metros de intestino delgado, finalmente 1,5 m de intestino grueso. Se necesita un segundo cerebro para dirigir las 4 fases del peristaltismo.

El cerebro (de la cabeza) envía poca información al sistema nervioso intestinal, que es ampliamente independiente. El 90% del intercambio de información se realiza de abajo a arriba, del abdomen al cerebro.

En la pared intestinal, la segunda más grande después de la de la cabeza, se esconden dos capas muy finas de un complejo sistema nervioso. Estas capas envuelven el tubo digestivo como una media de red. De este modo, pueden coordinar los movimientos del "reflejo peristáltico" que mueve el alimento hacia el intestino.

El mecanismo puede resumirse de la siguiente manera: las neuronas de la pared intestinal perciben dónde se encuentra un bocado de comida (bolo), ya que están estiradas por la masa que pasa. Tras esta "percepción", las células "enterocromafines" segregan serotonina, una proteína que estimula las células nerviosas del "plexo submucoso". Éstas, a su vez, envían señales a las células musculares que se activan, dilatando y contrayendo el intestino.

Si el reflejo peristáltico se inhibe, por ejemplo, debido a una serotonina baja, se produce estreñimiento; por el contrario, una estimulación excesiva debida a un exceso de serotonina provoca diarrea.

El cerebro abdominal también es responsable de pasar información a la cabeza. Algunas de ellas son señales evidentes, como los vómitos en caso de intoxicación. Pero muchos otros mensajes serían espontáneos, ligados a las emociones, e imperceptibles para la conciencia: inconscientes.

En todas las culturas, en los modismos, en el sentido común, el vientre es tradicionalmente la sede principal (más que el cerebro) de los sentimientos y las emociones. Pero hasta ahora, para los científicos, era un simple tubo gobernado por los reflejos; y para la mayoría de los ciudadanos del mundo occidental sólo la parte más prosaica, babosa y ruidosa del cuerpo humano.

Hasta que a alguien se le ocurrió contar las fibras nerviosas del intestino. Y se descubrió que las frases hechas se basaban en una realidad científica: en el vientre hay un segundo cerebro, casi una copia del que tenemos en la cabeza. No es sólo para la digestión. Al igual que el cerebro de la cabeza, el abdominal también produce sustancias psicoactivas que afectan al estado de ánimo, como la serotonina, la dopamina, pero también analgésicos opiáceos e incluso benzodiacepinas, sustancias calmantes como el valium.

El colega "de abajo" también sufre estrés y neurosis El cerebro abdominal, en definitiva, funciona de forma autónoma y envía más señales al cerebro "de la cabeza" de las que recibe de él. Ayuda a fijar los recuerdos relacionados con las emociones. Puede enfermar, sufrir estrés y desarrollar sus propias neurosis. Puede sentir, pensar y recordar. Y ayuda a tomar decisiones.

¿Qué necesidad había de dos cerebros? "En el cráneo no cabía todo", explica Michael Schemann, profesor de fisiología de la facultad de veterinaria de Hannover (Alemania). "Para pasar las conexiones con el resto del cuerpo, el cuello tendría que tener un diámetro enorme. Además, justo después de nacer, el recién nacido debe comer, beber y digerir: es mejor que estas funciones fundamentales sean autónomas".

Durante la formación del embrión, por tanto, una parte de las células nerviosas se incorpora a la cabeza, otra parte va al abdomen: las conexiones entre ambas se mantienen gracias a la médula espinal y al nervio vago. Al segundo cerebro se le confían las "decisiones viscerales", es decir, espontáneas e inconscientes: por tanto, desempeña un papel importante en la alegría y el dolor.

Para estudiar este segundo cerebro ha nacido una nueva ciencia, la neurogastroenterología. Las bases fueron puestas a mediados del siglo XIX por Leopold Auerbach, un neurólogo alemán que, observando el intestino al microscopio, se fijó en dos capas muy finas de células nerviosas entre dos capas de músculo. Y descubrió que esta especie de media de red envuelve todo el tubo digestivo, hasta el recto.

Las mismas células, los mismos principios activos y receptores: son casi idénticos.

¿Para qué sirven? se preguntaba Auerbach. En aquella época no se sabía mucho sobre el intestino, salvo que extrae energía de los alimentos. Por él pasan más de 30 toneladas de alimentos y 50.000 litros de líquido a lo largo de la vida. El corazón, en comparación, es una bomba primitiva. Una vez masticado en la boca y empapado con los jugos gástricos en el estómago, el bocado, convertido en quimo (es decir, papilla), se comprime en el duodeno, la primera parte del intestino de 30 cm de longitud. Aquí fluyen las secreciones del páncreas y la vesícula biliar, cuyas enzimas descomponen el quimo en moléculas muy pequeñas. A continuación, el quimo pasa al intestino delgado, de hasta 5 metros de longitud, donde tiene lugar la digestión. Los alimentos triturados, las grasas, los hidratos de carbono y las proteínas son absorbidos por la sangre y los vasos linfáticos gracias a los miles de millones de vellosidades diminutas que recubren sus paredes. Después del intestino delgado, está el intestino grueso, de 1,5 metros de largo: sirve para reabsorber los 9 litros de líquidos necesarios para la digestión. Las bombas moleculares del intestino grueso absorben esta agua y la devuelven al organismo. Al final del trayecto, los residuos alimenticios, las células muertas y los microorganismos son empujados hacia la salida, el ano, gracias a un fuerte haz muscular.

La red de células nerviosas que vislumbra Auerbach es la unidad de gestión y control: no se limita a analizar la composición de los alimentos y coordinar los mecanismos de absorción y excreción. También controla la velocidad de tránsito y otras funciones gracias al equilibrio entre neurotransmisores inhibidores y excitadores, hormonas estimulantes y secreciones protectoras.

Lo que para nosotros es sólo un filete, para el cerebro del abdomen es una realidad formada por millones de sustancias químicas que hay que analizar, para decidir si son elementos que hay que absorber, un veneno o un microorganismo que hay que mantener a distancia.

Porque el cerebro del abdomen es también el organizador del frente contra los invasores. Su principal tarea es supervisar la mayor superficie del cuerpo humano en contacto con el exterior.

Es la parte más grande en contacto con el exterior: somos huecos.

"Por dentro somos huecos", dice Michael D. Gershon, neurocientífico de la Universidad de Columbia en Nueva York, "el cuerpo entra en contacto con el exterior no sólo a través de la piel, sino también a través de la pared del intestino". Un túnel tan bien construido que permite que el ambiente circundante nos atraviese sin hacernos ningún daño".

De hecho, en el intestino viven unas 500 especies de seres potencialmente letales. Incluso la mitad de las heces está formada por bacterias muertas. Por ello, las paredes del intestino deben ser la defensa más eficaz del organismo. Esto explica que el 70% de las células del sistema inmunitario se encuentren allí. Y si los venenos entran en el abdomen, el cerebro abdominal avisa al cerebro de la cabeza que reacciona con una estrategia predeterminada: vómitos, calambres y diarrea.

Si el veneno se identifica pronto, se elimina desde arriba, por el camino más corto. Si ya está a medio camino, entra en juego el reflejo peristáltico. Está formado por contracciones onduladas de la pared muscular del intestino, que empujan el contenido desde la boca hacia el ano. Estas contracciones son sincronizadas por el cerebro abdominal, estimulado por la presión sobre sus paredes. Basta que un bocado de comida dilate un segmento del intestino para que las células nerviosas empiecen a segregar neuromediadores, es decir, proteínas que constituyen el lenguaje químico de las células nerviosas, que inhiben o excitan las células musculares responsables del reflejo.

Normalmente, cuanto más se adentra uno en el sistema digestivo, más se debilita el control del cerebro de la cabeza.

La boca, partes del esófago y el estómago siguen dejándose decir algo desde arriba.

Después del píloro, la dirección pasa al vientre.

Gershon se enamoró del cerebro abdominal cuando era estudiante, aprendiendo que la serotonina, un neuromediador, afectaba a los estados de ánimo y descubriendo más tarde que el 95% de la serotonina es producida por las células nerviosas del intestino y es también responsable del reflejo peristáltico.

Cuando el vientre se resiente, causa muchos problemas.

Nadie tomó en serio a Gershon hasta 1981, cuando el australiano Marcello Costa demostró que las células nerviosas del intestino producen serotonina, que entretanto había resultado ser uno de los muchos neuromediadores del sistema nervioso. Pero no es la única sustancia segregada por el cerebro abdominal, que es una enorme fábrica química porque produce unos cuarenta neuromediadores con los que se comunica a través del cerebro de la cabeza.

De hecho, las células de ambos cerebros hablan el mismo lenguaje químico. Y esto explica por qué los enfermos de Alzheimer y de Parkinson suelen encontrar el mismo tipo de lesiones en ambos cerebros. Y porque los fármacos psiquiátricos también actúan sobre el intestino y los gastrointestinales también sobre el cerebro. Una hormona gástrica, la serotonina, se está probando en el tratamiento del autismo, una enfermedad psiquiátrica. Un antimigrañoso seda los intestinos hiperactivos. Los analgésicos calman ciertas inflamaciones del aparato digestivo. Y algunos antidepresivos actúan sobre el estado de ánimo del cerebro, pero también sobre el cerebro abdominal provocando diarrea o estreñimiento.

La última terapia experimental para el intestino irritable es el resultado de estudios sobre el cerebro abdominal. El 20% de la población sufre de colon irritable: provoca dolor en el abdomen, movimientos intestinales irregulares, acumulación de aire en el intestino. No se sabe por qué el colon de estos pacientes funciona mal. El culpable, según Schemann, es el cerebro abdominal.

Gershon sostiene que el cerebro abdominal es propenso a la neurosis. Sin embargo, la comunicación entre los dos cerebros está dominada por el del vientre. Es aquí donde el 90% de los mensajes van directamente a la cabeza. La mayoría de estos mensajes son inconscientes, es decir, se producen sin que seamos conscientes de ellos. Sólo los percibimos cuando son señales de alarma que desencadenan reacciones de malestar.

Las personas deprimidas sienten todos los movimientos de sus intestinos Emeran Mayer, profesor de la Universidad de California, descubrió que algunos de los mensajes del cerebro abdominal llegan al sistema límbico, situado en el centro del cerebro de la cabeza. Esta zona se encarga de procesar las señales negativas y suprimir las sensaciones desagradables. "Es un poco como el fenómeno del jersey que pellizca", explica Mayer, "después de un tiempo ya no lo sientes".

Los estímulos procedentes del intestino sólo se perciben si superan un umbral bastante alto, mientras que los que sufren de intestino irritable, según Mayer, tendrían un umbral más bajo y sentirían cada movimiento intestinal. "Las personas deprimidas y ansiosas también tienen sensaciones similares", afirma Mayer.

¿Por qué se reduce el umbral? Quizá por el estrés.

Si el cerebro percibe la tensión en la cabeza y el miedo, reúne células intestinales que producen irritantes como la histamina. Esta proteína, a su vez, activa las células nerviosas del tracto digestivo que hacen que las células musculares se contraigan, provocando calambres o diarrea.

La señal de alarma llega entonces al cerebro de la cabeza que la retransmite hacia abajo y así sucesivamente. Si la ansiedad no cede, el círculo se cierra y los síntomas se vuelven crónicos.

Las tensiones del pasado también se quedan grabadas en el vientre El cerebro abdominal estaría incluso dotado de memoria que utiliza las mismas moléculas que el cerebro de la cabeza para fijar los recuerdos: las tensiones del pasado quedan así grabadas en el cerebro y en el abdomen, dice Schemann, haciendo que el eje cerebro-abdomen sea hipersensible durante toda la vida. Y esto explica por qué los niños que sufren cólicos en la infancia suelen tener un mayor riesgo de convertirse en adultos con la enfermedad del intestino irritable.

Los ratones expuestos de pequeños a situaciones de estrés también son adultos hipersensibles, con síntomas intestinales similares a los del intestino irritable.

Y el 40 por ciento de los pacientes de intestino irritable suelen padecer también ansiedad y depresión.

¿Qué melancolía y miedo surgen entonces en el intestino?

"Nuestros resultados demuestran que, al igual que el hambre y la saciedad afectan al estado de ánimo, el origen de otros estados de ánimo puede estar oculto en el cerebro abdominal , incluida la depresión clásica", dice Mayer. Sin embargo, esta investigación aún está en pañales.

Cada vez que el intestino se contrae y emite serotonina u otros neuro-mediadores, la información viaja por el nervio vago fimo hasta el cerebro de la cabeza. Donde se traducen en malestar o alegría, fatiga o vitalidad, buen o mal humor.

El vientre también sueña durante la fase REM del sueño "Podemos incluso decir que el cerebro abdominal piensa", dice Schemann. "Está organizado funcionalmente, trabaja con una serie de circuitos, es capaz de registrar diferentes estados y reaccionar de forma autónoma: en resumen, tiene todo lo que necesita un sistema nervioso integrador".

Lo cierto es que el abdomen crea la atmósfera para la cabeza. La cabeza es el "banco de las emociones" que recoge todas las reacciones y datos, especialmente en el córtex anterior, detrás de la frente, particular-mente vinculado al abdomen.

En resumen, el cerebro del abdomen cuenta su versión al cerebro de la cabeza, crea su "perfil emocional" y prepara un "lecho de sensaciones", incluso para la noche. Y de hecho, durante la fase remo del sueño, cuando produce ondas dulces y se llena de sueños, hasta los intestinos comienzan a balancearse gracias a la serotonina. "¿Y no se tienen malos sueños después de una comida copiosa?" se pregunta Mayer.

Con estas ondas el cerebro de la cabeza fija los recuerdos con su carga de emociones.

Cuanto más fijas estén las emociones, mejores serán las decisiones la próxima vez.

"En los próximos años podríamos descubrir que el cerebro del abdomen es la matriz biológica del inconsciente. Un descubrimiento tan importante para los humanos como el de Copérnico sobre el sistema solar", dice Gershon.

3

El diálogo entre la emoción y la razón

"La razón y la pasión son el timón y la vela de nuestra alma navegante" Khalil Gibran A menudo la gente cuenta que ha hecho algo de lo que sólo se ha dado cuenta más tarde, y de lo que quizá incluso se ha arrepentido amargamente. El escritor estadounidense Ambrose Gwinnett Bierce no podría haber expresado mejor este concepto: "Habla sin controlar tu ira y tendrás el mejor discurso del que te arrepentirás". Para ello existe una explicación neurocientífica que define cómo funciona el procesamiento mental de los estímulos y, por tanto, la reacción emocional, cognitiva y conductual.

Joseph E. LeDoux, neurocientífico estadounidense, director del "Centro para la Neurociencia del Miedo y la Ansiedad" de Nueva York, es uno de los mayores expertos en emociones, ya que sus principales investigaciones se han centrado en el funcionamiento del sistema límbico en las emociones y las formas de expresión de la personalidad humana. LeDoux ha descubierto algunos mecanismos cerebrales que han permitido comprender mejor el funcionamiento del procesamiento cognitivo y emocional de las señales que entran en el cerebro.

Hasta la aportación de LeDoux, los neurocientíficos anteriores, aunque en sus teorías específicas, siempre habían descrito el desarrollo de las emociones en el cerebro según este proceso.

El proceso es el siguiente

Los receptores sensoriales captan el estímulo emocional, lo transforman en una señal eléctrica y la envían al tálamo.

El tálamo envía la señal eléctrica al neocórtex.

El neocórtex integra la información y elabora la percepción del estímulo, luego envía la respuesta al sistema límbico.

El sistema límbico procesa la respuesta emocional y la envía al cuerpo para que la ponga en práctica.

Y aquí también se describen brevemente los componentes de este proceso:

Los receptores sensoriales son células especializadas encargadas de recibir los estímulos externos e internos del cuerpo y de transmitirlos, traducidos en impulsos eléctricos, a través de las fibras nerviosas aferentes al sistema nervioso central.

El tálamo es una zona perteneciente al diencéfalo, la parte más interna del cerebro, especializada en el procesamiento de los estímulos que provienen del interior del cuerpo. El tálamo tiene la función de transmitir los impulsos eléctricos de los receptores sensoriales a la corteza cerebral.

El neocórtex es la parte de la corteza cerebral que se ha desarrollado filogenéticamente de forma más reciente, y representa alrededor del 90% de la superficie del cerebro humano. Es la sede de las funciones cognitivas superiores: el aprendizaje, la memoria y el lenguaje; es decir, aquellas funciones de desarrollo genético más reciente en el curso de la evolución humana.

El sistema límbico representa un conjunto de formaciones cerebrales, pertenecientes al telencéfalo y al diencéfalo, que realizan la tarea de controlar las emociones y las reacciones de comportamiento relacionadas con la supervivencia.

LeDoux, con sus estudios, descubrió que la vía neural de las emociones ya identificada por otros neurocientíficos no era la única. De hecho, puso de relieve que la amígdala, una parte del sistema límbico que gestiona las emociones, y especialmente el miedo, a diferencia de lo que se pensaba anteriormente, ocupa en realidad una posición más privilegiada en el cerebro y, si es necesario, tiene el poder de dar jaque mate al neocórtex y tomar el control de la mente (LeDoux JE, 1993).

Le Doux descubrió que existen dos vías neuronales que procesan los estímulos emocionales (LeDoux JE, 1994):

Una vía neural alta que pasa por el neocórtex y luego llega a la amígdala.

Una vía neural baja que evita el neocórtex y llega directamente a la amígdala.

La vía neural alta procesa una respuesta emocional a través del neocórtex.

La vía neural baja se activa de forma paralela a la alta, y sorteando el neocórtex, como un atajo, a través de un fino haz de fibras nerviosas, conecta directamente el tálamo con la amígdala.

¿Cuál es la diferencia entre las dos vías neuronales?

La vía neural alta es más lenta, pero gana en exhaustividad. De hecho, al implicar a más áreas cerebrales, tarda aproximadamente el doble de tiempo en procesar los estímulos, pero en cambio proporciona una respuesta mucho más detallada y completa.

La vía neural baja, en cambio, es incompleta pero gana en velocidad. Al fin y al cabo, al no pasar por el neocórtex se tarda menos. El precio que paga esta vía es que obtiene un registro parcial de los elementos de la experiencia, sólo los de alto impacto emocional captados por la amígdala. Así, si por un lado es una vía muy rápida, por otro elabora un conocimiento parcial e incompleto de los acontecimientos (Goleman D., 1996).

La vía neural alta representa el mecanismo neural de las situaciones normales, donde por normalidad entendemos las situaciones habituales y regulares de la vida, aquellas en las que se puede tener el tiempo de hacer una pausa para reflexionar antes de elaborar una respuesta mental. Por ejemplo, cuando se está eligiendo cuidadosamente el vestido que se va a comprar, o cuando se está organizando lo que se va a hacer en el día, atendiendo a predisposiciones emocionales en unos casos y racionales en otros. En estas, como en otras situaciones similares, mientras la amígdala prepara su plan de acción emocional, basándose en un conocimiento aproximado de la experiencia, el neocórtex registra paralelamente con mayor precisión los detalles, y teniendo en cuenta toda la información, incluida la enviada por la amígdala, selecciona la respuesta emocional que considera más adecuada a esa experiencia. Y la elección que hace el neocórtex se basa en la evaluación de las probables ganancias, pero también de las pérdidas, o en la relación entre riesgos y beneficios (Davidson R. J, Jackson DC, Kalin NH, 2000) La vía neural baja, en cambio, representa el mecanismo neural de las situaciones de alarma, cuando uno se enfrenta a acontecimientos peligrosos y el tiempo es precioso, y tiene que decidir rápidamente si huye o ataca para garantizar mejor la supervivencia. Es un circuito diseñado para hacer frente a las emergencias y garantizar la supervivencia. Por eso, cuando la amígdala es alcanzada por un estímulo emocional alarmante, se activa hasta el punto de ser capaz de dar jaque mate al neocórtex, desactivando completamente sus funciones, y tomando el mando de todo el cerebro. Al hacerlo, la amígdala concentra todas las energías psíquicas única y exclusivamente en sobrevivir. La amígdala, por tanto, es capaz tanto de procesar la respuesta emocional de forma autónoma, como de enviarla a las distintas partes del cuerpo para transformarla en una acción real. Y precisamente sobre la base de este mecanismo ocurre que en una situación de emergencia, como huir de una casa en llamas o ponerse a salvo de una tormenta, no se guarda un recuerdo detallado de la experiencia, sino que sólo se recuerdan ciertos detalles. Al fin y al cabo, la amígdala, tras reconocer el peligro y tomar la iniciativa, al tomar una decisión sobre qué hacer se basa en esos pocos estímulos peligrosos que ha registrado y procesado, y no memoriza completamente la experiencia, como haría el neocórtex (LeDoux EJ, 1994). Este circuito se conforma con información parcial e incompleta porque, como explica LeDoux "No es necesario saber exactamente lo que es, para saber que puede ser peligroso". (Goleman D., 1996) Es bonito ver cómo la naturaleza ha pensado en todo, y nos ha dotado de dos mecanismos, uno por si acaso.

¿Cuál es el problema?

El problema es que a veces estos mecanismos, como tantos otros mecanismos de la naturaleza, se atascan y se confunden. Y lo hacen especialmente cuando no hay diálogo entre la amígdala y el neocórtex, entre las emociones y las razones.

De hecho, puede ocurrir que la vía neural inferior tome el mando en situaciones que sólo aparentemente parecen una emergencia, pero que en realidad no lo son, y entonces pueden surgir problemas. Al fin y al cabo, basarse en poca información en situaciones que requerirían una consideración más cuidadosa puede ser un problema.

Imaginemos, por ejemplo, que nos enfrentamos a un perro que viene en nuestra dirección, e imaginemos que la amígdala, asociando esta situación con otra similar de hace muchos años, cuando un perro corrió detrás de nosotros y nos dio un susto de muerte, nos pone en alerta y nos empuja a huir alocadamente en medio del tráfico de la ciudad; cuando en realidad ese perro sigue su camino, sin importar nuestra presencia. Reflexionemos hasta qué punto nuestro comportamiento, en este caso, más que garantizar nuestra supervivencia, como estaba en las buenas intenciones de la amígdala, nos hizo correr un gran riesgo. ¿Y por qué? Porque la amígdala registra la información según un método asociativo: compara las experiencias presentes con las pasadas, y le basta con encontrar un elemento en común para identificar dos situaciones diferentes. Es un método aproximado y anticuado (Goleman D., 1996), se basa en poca información y utiliza planes de acción del pasado. Todo ello, si bien puede ser útil en situaciones reales de emergencia, donde un detalle es suficiente para entender que se está en peligro, y donde basta con repetir patrones de comportamiento del pasado para garantizar la supervivencia, no es útil en otras situaciones. En este ejemplo, de hecho, la amígdala se disparó en una situación en la que no debería haberse disparado, y la poca información en la que se basó hizo que se equivocara, hizo que $2 + 2 = 7$. Sin embargo, puede ocurrir que incluso la vía neuronal alta se encargue de situaciones que sólo aparentemente parecen ser analizadas con detalle. E incluso en este caso, con la sola intervención del neocórtex, se corre el riesgo de realizar un comportamiento no adecuado e inapropiado a la situación (Goleman D., 1996).

Imaginemos, por ejemplo, que un amigo nuestro está contando un chiste y nosotros estamos allí escuchándolo, e imaginemos que nosotros, en lugar de reírnos y concentrarnos en el aspecto irónico de la historia, fuéramos a analizar los detalles, diciéndole a nuestro amigo que el chiste propone un escenario que no es real y que la historia no tiene sentido lógico. Pues bien, está claro que, al concentrarnos en el análisis de los hechos, perderíamos el sentido mismo del chiste y la emoción que lo acompaña. Y además, en este caso, la intervención masiva del análisis lógico realizado por el neocórtex pone en jaque mate a la amígdala que, al no poder hacer su aportación emocional, priva a la experiencia de su alegría. El resultado de todo esto es que el neocórtex ha registrado demasiados detalles, y esto, si en otras ocasiones hubiera sido de gran ayuda, en este caso en cambio estaba totalmente fuera de lugar y completamente desubicado, perdiendo esa risa sana que el chiste quería despertar. El neocórtex, a pesar de todos los datos recogidos, hizo mal las cuentas, hizo $2 + 2 = 0$. ¿Cuál es la solución?

Está claro que la solución pasa por intentar integrar y armonizar al máximo emoción y razón, de forma que cada recurso pueda informar y enriquecer al otro, ya que cada uno sin el otro caería en el error.

Y por suerte la naturaleza ha pensado en todo, y nos ha dotado de un "pomo" incorporado a nuestro cerebro que nos permite gestionar y calmar las fuertes ondas emocionales. Este mando se encuentra en el neocórtex, y más concretamente en los lóbulos prefrontales. Los lóbulos prefrontales regulan nuestro comportamiento, nuestras acciones e incluso nuestras reacciones emocionales (Davidson R. J, Jackson DC, Kalin NH, 2000). Son el centro de las funciones ejecutivas, es decir, la capacidad de la mente para planificar y organizar planes de acción para un objetivo, incluidos los objetivos emocionales. Entonces ocurre que mientras la amígdala se alarma para desencadenar una reacción emocional ansiosa e impulsiva, los lóbulos prefrontales modulan estas reacciones y las hacen más analíticas y adecuadas a las situaciones. Y lo mismo ocurre con la activación excesiva de las facultades lógico-analíticas del neocórtex. También en este caso, la conexión entre los lóbulos prefrontales y la amígdala integra las emociones con las razones para planificar un comportamiento lo más equilibrado y adecuado a la situación.

La solución está, pues, en el diálogo, en la armonía y en la integración de la emoción y la razón. Lo que a menudo ocurre espontáneamente, pero con la misma frecuencia puede fallar. Sobre todo ante situaciones de fuerte impacto emocional. El remedio puede estar en la supervisión del propio cerebro, ya que, a pesar de ser un aparato maravilloso, no siempre consigue dar lo mejor de sí mismo, necesita nuestra ayuda.

Daniel J. Siegel, psiquiatra que dirige el Instituto Mindsight de la Universidad de California en Los Ángeles, es un famoso neurocientífico que fue de los primeros en reconocer la capacidad de mindsight (ver la mente) como herramienta para el bienestar psicológico. Según Siegel, es esencial vigilar la actividad mental y fomentarla activamente para que sea integrada, armoniosa y equilibrada. Una actitud pasiva podría llevarnos a sentirnos abrumados y aplastados por una actividad mental incorrecta del cerebro (Siegel DJ, Amadei G. Prunas A., 2010). Al fin y al cabo, la vida no es tan sencilla, y las capacidades del cerebro pueden verse comprometidas por los acontecimientos y experiencias de la vida. Por eso es vital hacer el esfuerzo de observar la propia mente y tomar conciencia de cómo está funcionando. Sólo así podremos intervenir para hacer correcciones.

Es importante recordar que hay que vigilar la mente, sólo así se puede tomar conciencia de lo que se está haciendo, y sólo así se puede intervenir si se está "haciendo una montaña de un grano de arena". La autoconciencia es la capacidad de ser consciente de lo que ocurre dentro de uno mismo, y es la llave que abre las puertas del bienestar, permitiéndonos conocer lo que hace nuestra razón y lo que hacen nuestras emociones, y finalmente, nos permite mejorar su trabajo.

4

¿Estamos seguros de que pensar en la mente como algo "interior" es útil?

¿Para qué sirve conocer los procesos cerebrales: para mejorar, gestionar mejor las emociones o poder comunicarse eficazmente?

¿Es realmente nuestra esencia algo que está dentro de nosotros?

En este capítulo analizaremos los riesgos reales de pensar que esa esencia es nuestro cerebro o nuestra personalidad. Mi propuesta (que aquí simplifica un enfoque pragmático e interaccionista) es que es mejor pensar en la mente como algo exterior. Es mejor pensar que está fuera. Sí: fuera como los balcones.

La teoría que tienes sobre ti mismo: ¿para qué la necesitas?

Empecemos por las cosas que necesitamos. Si quieres comunicarte mejor o gestionar tus emociones o creer más en ti mismo y quieres "hacerlo en serio", tienes que asumir que trabajas o modificas algo que percibes constante: aquí lo llamo "mente", pero si quieres, podemos llamarlo "carácter", "personalidad", "yo", "autoconciencia", "identidad", etc.

Si no existiera ese algo constante, no habría necesidad de "cambiar" o "mejorar": bastaría con querer hacer algo para hacerlo (o aprender a hacerlo). Sin obstáculos, sin desmotivación, sin pereza: te dices a ti mismo "no tengas vergüenza" y dejas de serlo; "empieza y mantén una dieta" y lo haces; "sé más sociable" y lo eres.

Sería bonito, pero sabemos que no es así: hay algo constante que, por un lado, nos ata a nuestros hábitos no deseados y, por otro, nos permite tener otros hábitos buenos y útiles.

Es lo que, si generalmente se llama mente, se experimenta subjetivamente como yo o me (y no es casualidad que mi curso de mejora se llame Me-Lab).

Si quieres "mejorar" en algo, tienes que trabajar en ese algo constantemente, o mejor dicho: aunque no seas consciente de ello, utilizarás herramientas y técnicas construidas sobre alguna teoría de la mente.

Uno de los más grandes psicólogos del siglo pasado, Kurt Lewin, es recordado por esta frase: "No hay nada más práctico que una buena teoría". Esto se debe a que la teoría que utilizamos (a veces de forma totalmente inconsciente) nos hace ver, pensar y actuar de una determinada manera y no de muchas otras posibles. Una teoría es una herramienta muy práctica, como un destornillador de punta plana es muy útil, pero sólo con cierto tipo de tornillos y con cierto tipo de propósitos.

Pero esto no lo dice un científico peleado con los libros y los laboratorios de la universidad, de hecho, aunque se informe poco, la cita no es de Lewin, sino que es una frase que el psicólogo informa y atribuye a un empresario, es decir, a una persona fuertemente interesada en los resultados de su negocio.

Volvamos a nosotros, se hace necesario entender si, mientras hablas y utilizas algunas herramientas, la teoría de la mente que estás adoptando sin saberlo te será útil o no.

¿La respuesta está dentro de ti?

Siempre nos quedamos en la utilidad: cuando pensamos "tengo potencialidades dentro de mí que no puedo sacar", ¿qué teoría mental utilizamos?

Intentemos pensar en los riesgos de contarlo así.

Para esta teoría tú eres más por dentro de lo que muestras por fuera, el "verdadero tú" está dentro de ti.

¿Cómo lo encuentras? ¿Hay una sonda?

Me dirás: no, utilizo la introspección.

Pues bien: ¿qué es lo que inspeccionas? ¿Te encierras en meditación en algún lugar y qué buscas? ¿Qué haces? ¿Qué preguntas te haces?

¿Crees que encontrarás la serenidad o la autoestima dentro de ti?

¿Cómo surgirán o se revelarán?

¿Crees que escucharás una voz que en algún momento te describirá solemnemente quién eres, cómo tendrás que comportarte y qué tendrás que hacer en tu vida?

¿Y crees que entonces tú, tan iluminado interiormente, podrás viajar por el mundo, ir a trabajar, relacionarte con los demás con mayor capacidad y conciencia?

Si es así, presta atención: es una teoría muy extendida, muy fascinante, pero útil sólo en ámbitos y momentos concretos.

No hay muchas de las cosas que aprendiste en esta teoría: - para caminar no has meditado meses en la posición de loto y luego levantarte con impulso, moviendo elegantemente pies y piernas con el torso erguido y una mirada orgullosa. Ni siquiera para hablar. Ni siquiera para las matemáticas, ni para conducir un coche, ni para escribir un poema, ni para jugar al fútbol.

No has adquirido nada de lo humano en la soledad de la introspección.

Si acaso, la introspección, la reflexión, la contemplación y otras prácticas pueden haberte servido para organizar los pensamientos, calmar las emociones, tener mayor claridad y serenidad de espíritu, pero (salvo las conexiones con lo divino) todo para luego dirigirte hacia algo que no estaba dentro de ti, sino fuera de ti: comprendiste que era mejor dejar tu trabajo, sentiste tus sentimientos por una persona de manera más profunda, decidiste hacer un viaje o simplemente conseguiste un mejor estado de ánimo funcional a la reanudación de la vida cotidiana.

No encontraste tu verdadero yo: cuando te fue bien, encontraste una forma de hacer algo que te representaba en la forma en que podías hacerlo. Si, después de meditar, decides escalar una montaña o crear una empresa, la introspección habrá barrido las dudas, pero no te habrá proporcionado las herramientas para hacer tu elección: ese "tú mismo" (que escala la montaña o crea la actividad) lo encontrarás mientras ejecutas la decisión tomada.

En resumen: se trata de una teoría que te ayuda a remover y clarificar para luego actuar. Si la utilizas para "encontrarte" a ti mismo o una respuesta definitiva a tu "por qué", seguirás vagando en el vacío de la insatisfacción.

¿El cerebro manda?

Los mejores neuropsicólogos (y de ahí para abajo hasta los gurús de las redes sociales) nos explican que nuestras emociones dependen de la amígdala [Para los no iniciados, la amígdala es una pequeña estructura situada en el centro de cada hemisferio cerebral (por eso cada uno tiene dos)].

Si haces un curso de gestión del miedo, a alguien se le ocurrirá lo de la amígdala antes o después, pero no en el sentido literal, también porque no sabrían qué hacer con ella. Y me parece obvio que nadie sabría qué hacer con una amígdala en las manos.

Sin embargo, en ese curso sobre emociones, te enseñan dibujos de colores con flechas para que entiendas cómo funciona tu miedo.

¿Qué teoría de la mente están utilizando?

Pregunta retórica: una teoría "neurológica": tu mente es la suma de procesos cerebrales y en el proceso del miedo interviene la amígdala.

Pero, ¿de qué sirve oírte explicar los mecanismos neurofisiológicos relacionados con una emoción?

Para dos cosas:

La primera tiene una función retórica (didáctica o de marketing): como ha demostrado una investigación de Yale, salpicar una explicación psicológica con referencias neurológicas hace que la gente la considere más "científica" y, por tanto, "verdadera". Esto favorece pensar que el formador es un "experto" en el que se puede confiar y, por tanto, aplicar mejor los contenidos de su curso o comprar sus productos o servicios.

La segunda, encontrar una solución coherente con esa teoría.

El problema es que tu formador te habla de la amígdala sólo porque ha leído unos cuantos libros sin ningún orden, sin insertarlo en una teoría de la mente y, sobre todo, sin pensar si esa teoría es utilizable por ti.

Porque, recordemos, si tuviéramos nuestras dos amígdalas en las manos, no sabríamos qué hacer con ellas.

Para influir con precisión en el funcionamiento de la amígdala necesitamos una herramienta que actúe directamente sobre la estructura cerebral. Por lo general, un bisturí, un electrodo o un fármaco.

¿Le parecen útiles para enfrentarse al miedo?

Si es así, bien: levántate inmediatamente de ese curso de formación y ponte en contacto con un neurocirujano o un neuropsiquiatra, porque ellos son los expertos en esa teoría y en esas herramientas.

Si cree que es posible influir en el funcionamiento de su amígdala a través de los pensamientos, las palabras y las acciones, debe saber que ninguna investigación demuestra científicamente cómo puede ocurrir.

Esto es fácil de entender.

Podemos medir la actividad eléctrica y el cambio en el flujo sanguíneo de una zona del cerebro, pero no tenemos una herramienta para definir científicamente lo que es una emoción fuera de una teoría psicológica. La neurología se ocupa de la materia gris, la psicología de las teorías que definen de qué estamos hablando.

Porque, y esto te sorprenderá, no para todos los psicólogos es comparable el miedo a una rata o a recibir una descarga dentro de una jaula metálica con el miedo de un padre que espera la vuelta de su hija adolescente el sábado por la noche o el miedo de un jugador de fútbol a lanzar un penalti, o el miedo a morir de una persona mayor o el de ser abandonado por un ser querido. Aunque parezca extraño, para muchos de nosotros se trata de miedos diferentes y, además, la neuroimagen nos dice que implican a casi todo el cerebro de forma diferente...

5

Su neurocirujano debe trabajar duro en ello.

En resumen, esta teoría sólo es útil para que los expertos en la materia realicen investigaciones, profundicen en los diagnósticos diferenciales y amplíen los conocimientos de la neuropsicología que, quizás por desgracia, aún está muy lejos de ayudar a las personas con herramientas físicas, pero puede ofrecer herramientas psicológicas en referencia a pequeños retazos de la mente humana directamente relacionados con los fenómenos neurológicos.

Entonces: si crees que todo depende del cerebro, estás diciendo implícitamente que no tienes ninguna herramienta operativa para modificar su funcionamiento. A no ser que consideres herramientas psicológicas que, sin embargo, si fueran coherentes con tu teoría, deberían referirse a campos tan limitados de tu experiencia que por sí solos no servirían de nada. Así que tendrá que utilizar herramientas psicológicas más amplias, pero lo hará a granel porque utilizará herramientas que no han nacido de la teoría que ha adoptado hasta ese momento.

Es un lío. ¿Estamos fuera como los balcones?

Una herramienta debe utilizarse en el contexto adecuado. No puedo usar un destornillador para apretar un tornillo. Tal vez pueda utilizarlo para clavar un clavo, pero sin duda tendría más éxito si utilizara un martillo para los clavos y el destornillador para los tornillos.

Si tu propósito es cambiar tu comportamiento o tus emociones en algunos contextos, es mejor que adoptes herramientas creadas específicamente para esos contextos.

Pensar en la mente como algo dentro de ti no te ayudará. Mejor pensar en la mente como algo fuera de ti.

Mejor pensar que tu mente es la suma de tus acciones, emociones y sentimientos en el tiempo y el espacio. Mejor geolocalizarla.

Tratar con la idea de ti mismo mientras estás de retiro dentro de una cueva es fantasear con generalizaciones prácticas poco útiles. Ocuparse de uno mismo cuando se empieza el día mañana a las 7:12 es tener la oportunidad de sentir e intentar cambiar algo.

Pensar que una zona concreta del cerebro está afectando a tu vida es una idea que debería llevarte inmediatamente a una visita al neurólogo. Sin embargo, pensar que la forma en que hablaste con tus compañeros de trabajo ayer por la tarde no fue efectiva, te dirigirá a analizar la situación y a tomar medidas para la reunión de la próxima semana.

Creer que te falta autoestima te pondrá a la expectativa de que alguien o algo llene ese vacío (quizás vertiendo unos litros de autoestima dentro de ti).

Resumen y utilidad Todavía parafraseando a Kurt Lewin, ¿quieres conocerte a ti mismo? Entonces, ¡intenta cambiar! Se aprende haciendo y, por tanto, aprenderás más sobre ti mismo experimentando. Aprovecha los momentos de reflexión para entender qué ha funcionado en la realidad y qué no, pero luego pasa a la acción.

El cerebro es necesario, pero también es muy complicado. Dejémoslo en manos de los expertos. Si la neurociencia te fascina, ten también la humildad de ver cómo no eres capaz de aplicarla a tu vida concreta: lee y estudia como lo harías con la astronomía, un tema maravilloso que es útil para la humanidad si lo manejan astrónomos expertos, pero que rara vez sabrás aplicar a tu vida cotidiana.

La mente no es nada concreto: es una definición. Piensa en ella como si estuviera fuera de ti, en el mundo y entre la gente, e intenta cambiarla de una interacción a otra.

La ira en los niños: la amígdala y el entorno, ¿qué ocurre?

Es bien sabido que en la gestión de la ira nuestros hijos, en diversos grados y con las debidas consideraciones ambientales y temperamentales, tienen que lidiar con el crecimiento de las funciones neurológicas y la maduración de las capacidades emocionales.

Un buen resumen.

¿QUÉ OCURRE EN EL CEREBRO Y EL CUERPO DE UN NIÑO CUANDO SE ENFADA?

Nuestro cerebro consta de dos partes básicas: el cerebro superior (córtex) y el cerebro inferior (subcórtex). Con otros mamíferos compartimos la estructura del cerebro inferior, que es la sede de los circuitos de todas las emociones más primitivas e instintivas.

El circuito de la ira también está ahí y todos, sin excepción, tenemos uno. Una de las estructuras anatómicas más importantes del circuito de la ira es la amígdala, que se activa cuando percibimos una amenaza para nuestra integridad física o psicológica a nuestro alrededor.

Por supuesto, es importante que la amígdala sea muy rápida a la hora de registrar las amenazas y, por ello, a veces puede ser un poco bruta. Por ejemplo, imagina que estás caminando por un bosque. En un momento dado ves una forma negra en el camino que parece apuntar hacia ti: tu amígdala activará inmediatamente la alarma en el cerebro y en el cuerpo, porque a primera vista podría ser un peligro, por ejemplo una serpiente venenosa. Nuestro cuerpo se prepara entonces para una reacción de defensa, ya sea para huir (miedo) o para atacar (ira).

Sin embargo, sólo tarda unos segundos en darse cuenta de que en realidad esa forma no es más que una rama rota y entonces salta la alarma. ¿Quién le dice a la amígdala que se trata de una falsa alarma?

Es el cerebro superior el que tiene esta tarea y el que, a través del pensamiento reflexivo, "calma" al cuerpo y al cerebro diciéndoles: "No te preocupes, es sólo una rama". Sin embargo, si realmente hubiera sido una serpiente, habría sido esencial reaccionar rápidamente y no habría habido tiempo para reflexionar sobre las distintas opciones. Por tanto, nuestra amígdala tiene la tarea fundamental de estar siempre alerta ante cualquier cosa que pueda amenazar nuestra seguridad, tanto física como psicológica, pero el cerebro superior tiene la tarea de moderar y calmar las reacciones desencadenadas por la amígdala, y libera sustancias calmantes, como el ácido gamma-amino-butírico (GABA), que es un verdadero ansiolítico "natural".

La capacidad de "moderar" las propias reacciones emocionales en función de la evaluación del contexto y las circunstancias no es algo innato, como la ira, sino que debe aprenderse.

Los niños en edad preescolar son incapaces de hacerlo por sí mismos, sino que dependen completamente de los adultos que, con interacciones cariñosas, les "prestan" su mente y sus palabras para ayudar a reducir los niveles de estimulación.

Cuando el nivel de estrés de una relación es muy alto, es decir, cuando la relación se basa en castigos corporales y psicológicos, insultos, humillaciones, frialdad emocional, negligencia, gritos, negativa a consolar, etc., y el niño sólo se enfrenta a esta circunstancia, las sustancias del estrés entran en la circulación y los niveles de serotonina disminuyen.

La serotonina, una sustancia producida por el cerebro, sirve para disminuir los niveles de agresividad e impulsividad, y cuando sus niveles descienden, los niños son más proclives a descargar su ira en acciones.

Sin embargo, si un adulto es capaz de actuar como "regulador emocional" para el niño, le ayudará a desarrollar un sistema bien establecido de alivio de la tensión en su cerebro, de modo que el niño aprenda que las emociones, y la ira en particular, también pueden ser pensadas y comunicadas, además de actuadas.

Sin embargo, cuando un niño se ve invadido por la ira, alcanza un estado de sobreexcitación que inhibe cualquier tipo de reflexión sobre su propio comportamiento y las consecuencias que puede tener en los demás.

El niño con ira es incapaz de ponerse en el lugar del otro y, cuando el circuito cerebral de la ira se activa, atacar al otro puede parecer la única solución posible. En este sentido, un niño atrapado en su propia ira tiene muy pocas alternativas. En cambio, la sensación de paz y satisfacción tranquila es inducida por dos tipos particulares de sustancias que se liberan en su cerebro: la oxitocina y los opiáceos.

Estas sustancias se producen en el cerebro del niño, especialmente como resultado de las interacciones afectivas (besos, abrazos, mimos, intercambios verbales amables y afectuosos, juegos atractivos, sonrisas, caricias, etc.) con las figuras de apego y otras figuras significativas. Si cada vez que un niño experimenta estrés y malestar hay un adulto que está constantemente dispuesto a consolarle, a comprenderle, a ofrecerle alternativas de comportamiento, poco a poco irá desarrollando esa misma capacidad de autocalmación que le permitirá, más adelante, tranquilizarse cuando se encuentre en situaciones similares, teniendo así una alternativa real a la simple descarga de su ira y descontento.

Por el contrario, si un niño en su infancia ha experimentado una soledad o un castigo constante o intermitente cuando se ha encontrado en situaciones de malestar, no podrá desarrollar de forma autónoma la capacidad de "calmar" el cerebro inferior, quedando literalmente prisionero de una única posibilidad: actuar sobre la propia ira. Espero que de lo dicho hasta ahora quede claro cómo las intervenciones punitivas o de ira de un padre o un educador ante los arrebatos de un niño no sólo no sirven para nada, sino que corren el riesgo de aumentar el nivel de amenaza percibido por el pequeño, que puede sentirse atacado, aumentando así su ya elevado nivel de estrés.

6

Hemisferios cerebrales - ¿Qué son? Anatomía y funciones

En general Los hemisferios cerebrales son las dos porciones hemisféricas de tejido nervioso, situadas en el interior del cráneo, que constituyen realmente el cerebro humano.

Además, gracias a la presencia de un surco profundo entre ellos, los dos hemisferios cerebrales se distinguen como hemisferio cerebral derecho y hemisferio cerebral izquierdo; los hemisferios cerebrales son sólo aparentemente simétricos: bajo el perfil microscópico y funcional, de hecho, son extremadamente diferentes.

Cada hemisferio cerebral tiene una capa externa de materia gris, llamada corteza cerebral (o neocórtex), y un componente más profundo, que incluye tanto materia blanca como materia gris, llamado genéricamente componente subcortical.

A través de la corteza cerebral y del componente subcortical, los hemisferios cerebrales controlan las funciones mentales-cognitivas fundamentales, como los movimientos voluntarios, las capacidades sensoriales, el lenguaje, la memoria, el aprendizaje, etc.

Definición de los hemisferios cerebrales Al observar cualquier reproducción del cerebro humano, los hemisferios cerebrales saltan inmediatamente a la vista: son esos dos hemisferios caracterizados por surcos, crestas y lobulillos, y separados por un profundo surco, que ocupan gran parte del cráneo.

Curiosidad La presencia de los hemisferios cerebrales se encuentra en el cerebro de todos los vertebrados.

Cerebro: una breve reseña El cerebro, o telencéfalo o encéfalo propiamente dicho, es la porción más voluminosa y más especializada de esa gran y compleja estructura nerviosa que se llama cerebro.

Órgano vital, el cerebro ocupa su lugar en el cráneo, por encima de otros componentes cerebrales igualmente importantes para la vida, como el diencéfalo, el tronco cerebral y el cerebelo.

Anatomía Protegidos por el cráneo, los hemisferios cerebrales están dispuestos de forma que uno pertenece a la mitad derecha del cuerpo humano y el otro a la mitad izquierda; como consecuencia lógica de esta disposición, el hemisferio cerebral situado a la derecha se denomina hemisferio cerebral derecho, mientras que el hemisferio cerebral situado a la izquierda se denomina hemisferio cerebral izquierdo.

Como se verá más adelante, la distinción de los hemisferios cerebrales en derecho e izquierdo es importante no sólo desde el punto de vista anatómico, sino también desde el punto de vista funcional.

Los hemisferios cerebrales se desarrollan anteroposteriormente (o ventro-dorsal), con la base orientada hacia abajo y la curvatura hacia arriba.

Como ya se ha anticipado, para dividir el hemisferio cerebral derecho del izquierdo existe un surco profundo y evidente: dispuesto de tal manera que atraviesa el cerebro en dirección anteroposterior, este surco es la llamada fisura longitudinal media (**NB**: el término longitudinal recuerda su curso anteroposterior).

La fisura longitudinal mediana también se conoce porque a lo largo de ella desciende un importante pliegue de reflexión de la duramadre, denominado hoz cerebral.

Cada hemisferio cerebral tiene una capa externa de materia gris (neuronas desprovistas de mielina), llamada corteza cerebral (o neocórtex), y un componente interno más profundo, que incluye tanto materia blanca (neuronas envueltas en una capa de mielina) como de materia gris, llamado genéricamente componente subcortical.

Si es cierto que los hemisferios cerebrales están separados por la fisura longitudinal media, no es menos cierto que existen, en su base, unas estructuras de unión, también importantes para el intercambio de información, que toman el nombre genérico de comisuras interhemisféricas.

Anatomía macroscópica Macroscópicamente, los hemisferios cerebrales parecen una imagen especular el uno del otro; sin embargo, si se observan más de cerca, surgen al menos dos sutiles diferencias: el mayor tamaño del hemisferio cerebral derecho en comparación con el izquierdo y la posición ligeramente más avanzada del hemisferio cerebral derecho en comparación con el izquierdo.

Polos de los hemisferios cerebrales Para facilitar la descripción macroscópica de los hemisferios cerebrales, los anatomistas identifican en cada uno de ellos 3 polos: el polo frontal, por delante, el polo occipital, por detrás, y el polo temporal, por ambos lados.

Anatomía microscópica Desde el punto de vista de la citoarquitectura (es decir, a nivel microscópico), los dos hemisferios cerebrales presentan una asimetría evidente entre sí (es decir, son diferentes), sobre todo a nivel de la corteza cerebral: las diferencias conciernen a las funciones de las neuronas constituyentes, los tipos de receptores y las cantidades de neurotransmisores.

Corteza cerebral Extremadamente importante desde el punto de vista funcional, la corteza cerebral es, en ambos hemisferios cerebrales, una capa de materia gris de unos 2,5 milímetros de espesor.

La corteza cerebral comprende más de 20 millones de neuronas y más de 300 billones de sinapsis nerviosas; estas cifras tan elevadas, a pesar de un grosor limitado, son posibles gracias a la particular arquitectura de la propia corteza cerebral: ésta, de hecho, presenta una alternancia de surcos y crestas (más conocidas como circunvoluciones), lo que aumenta significativamente su extensión (algunos estudios hablan de una extensión igual a unos 2.000 centímetros cuadrados).

La corteza cerebral de cada hemisferio del cerebro está dividida idealmente en 4 áreas principales, llamadas lóbulo frontal, lóbulo temporal, lóbulo parietal y lóbulo occipital.

¿Sabías que ...

La corteza cerebral sólo está presente en el cerebro de los mamíferos.

La corteza cerebral, caracterizada por surcos y circunvoluciones, es típica de los mamíferos más evolucionados (incluido el ser humano).

Componente subcortical El componente subcortical de los hemisferios cerebrales incluye:

Agrupaciones de sustancia blanca, sobre las que descansa la corteza cerebral; Formaciones de materia gris (que no deben confundirse con la corteza cerebral), rodeadas por la citada sustancia blanca; Los ventrículos cerebrales laterales.

Materia blanca subcortical Conocida en su conjunto como un centro semiovalado (por su forma), la materia blanca subcortical se organiza, en su parte más profunda, en bandas gruesas llamadas cápsulas; interpuestas sobre todo entre los núcleos de la base, las cápsulas de materia blanca presentes en los hemisferios cerebrales se dividen en 3 tipos: las cápsulas internas, las cápsulas externas y las cápsulas extremas.

Materia gris subcortical Las formaciones de materia gris presentes en cada uno de los dos hemisferios cerebrales son:

Amígdala.

Hipocampo. Morfológicamente similar a un caballito de mar, el hipocampo participa en varios procesos, entre ellos: la consolidación de la información de la memoria a corto y largo plazo, el procesamiento de los mapas espaciales y la memoria espacial.

Núcleos de la base. Estrechamente conectados con la corteza cerebral, el tálamo y el tronco encefálico, los núcleos de la base se dividen en varios componentes, que toman el nombre de: estriado dorsal (núcleo caudado y putamen), estriado ventral (núcleo acumbente y tubérculo olfativo), globo pálido, ventral pálido, sustancia negra y núcleo subtalámico.

Los núcleos de la base están asociados a diversas funciones, entre ellas: el control de los movimientos voluntarios, el movimiento ocular, el aprendizaje procedimental, el aprendizaje de hábitos; además, también parecen estar implicados en la emoción, la toma de decisiones y los estados motivacionales.

Bulbo olfativo. Situado en la parte inferior del lóbulo frontal, el bulbo olfativo desempeña un papel fundamental en el proceso de percepción de los olores (olfacción).

Cabe señalar que el bulbo olfatorio se comunica con otras estructuras y regiones del cerebro, como la amígdala, el hipocampo, la sustancia negra y la corteza orbitofrontal (región de la corteza prefrontal del lóbulo frontal) y el hipocampo.

Curiosidad La amígdala, el hipocampo y el núcleo accumbens (núcleo de la base) son tres elementos del llamado sistema límbico.

El sistema límbico es un complejo de estructuras cerebrales con un papel clave en las reacciones emocionales, las respuestas conductuales, los procesos de memoria y el olfato.

Ventrículos cerebrales laterales Existen dos ventrículos cerebrales laterales, o simplemente ventrículos laterales, uno para cada hemisferio cerebral. Comparables a una Y situada en el flanco izquierdo, los ventrículos laterales bordean los cuatro lóbulos cerebrales. Hay que recordar que, junto con los otros ventrículos cerebrales (tercer y cuarto ventrículos), los ventrículos laterales se encargan de la producción del líquido cefalorraquídeo y de su distribución en el sistema nervioso central.

Comisuras interhemisféricas Las comisuras interhemisféricas presentes en el cerebro humano son: el cuerpo calloso, la comisura del fórnix y la comisura anterior. El cuerpo calloso se sitúa entre los dos hemisferios cerebrales y, además de unirlos físicamente, permite el intercambio de información entre ellos.

La comisura del fórnix conecta el hipocampo del hemisferio derecho con el hipocampo del hemisferio izquierdo.

Por último, la comisura anterior se encarga de crear la comunicación entre los dos lóbulos temporales.

¿Sabías que ...

El cuerpo calloso sólo está presente en los mamíferos placentarios (o Euteri).

¿Dónde están los hemisferios cerebrales: límites y relaciones?

Como partes del cerebro, los hemisferios cerebrales se sitúan dentro del cráneo, protegidos por el hueso frontal, por arriba-anteriormente, por los dos huesos temporales, lateralmente, los dos huesos parietales, por arriba, y por el hueso occipital, posteriormente.

Los hemisferios cerebrales constituyen el vértice del cerebro y del encéfalo. Por debajo del cuerpo calloso (por tanto, inferior a la comisura interhemisférica principal), se desarrolla el diencéfalo e, inmediatamente por debajo del diencéfalo, se encuentra el mesencéfalo (primera porción del tronco cerebral).

El borde inferior de la sección anterior de los hemisferios cerebrales limita con las cavidades orbitales, mientras que el borde inferior de la sección posterior limita con el cerebelo.

Desarrollo ¿De qué estructura embrionaria proceden los hemisferios cerebrales? En cuanto a su origen embrionario, los hemisferios cerebrales derivan, junto con las demás partes del cerebro, de una estructura nerviosa prenatal llamada cerebro anterior. En los vertebrados, el cerebro anterior es una de las tres vesículas cerebrales primitivas de las que deriva todo el sistema nervioso (las otras dos son el cerebro medio y el cerebro posterior).

En los seres humanos, el cerebro anterior es la estructura nerviosa prenatal de la que también se origina el diencéfalo.

Desarrollo fetal de los hemisferios cerebrales: ¿cuándo aparecen?

El cerebro anterior se diferencia en cerebro y diencéfalo alrededor de la 5ª semana de embarazo (3ª semana desde la concepción); los hemisferios cerebrales, sin embargo, comienzan a formarse entre la 7ª y 8ª semana de embarazo (5ª-6ª semana desde la concepción). La formación de los hemisferios cerebrales incluye la generación de la corteza cerebral, la amígdala, el hipocampo, los ganglios basales y los ventrículos laterales.

Función A través de la corteza cerebral, los hemisferios cerebrales controlan los movimientos voluntarios, las funciones sensoriales (el oído, el olfato, la vista, el tacto y el gusto), la capacidad de hablar y comprender el lenguaje, el pensamiento, la memoria a corto y largo plazo, el aprendizaje, la atención y la conciencia; mediante la materia gris subcortical, además, presiden funciones como el procesamiento de las emociones y los recuerdos, la memoria espacial, la consolidación del miedo, las conductas motivadas, la toma de decisiones orientadas a una determinada recompensa (sistema de recompensa) y, de nuevo, la memoria, el aprendizaje y el olfato.

Como puede verse, por tanto, los hemisferios cerebrales desempeñan un papel central en los mecanismos y funciones mentales-cognitivas; todo ello, sin embargo, no debe sorprender, porque el cerebro del que forman parte representa la porción más especializada de todo el cerebro.

Organización contralateral del cerebro: ¿Qué es?

Hace tiempo que se sabe que el hemisferio cerebral derecho controla las funciones motoras de la mitad izquierda del cuerpo humano, mientras que el hemisferio cerebral izquierdo controla las funciones motoras de la mitad derecha del cuerpo humano; lo mismo ocurre con la información sensorial relacionada con el sentido del oído y del tacto.

Esta curiosa característica funcional de los hemisferios cerebrales es lo que los expertos denominan organización contralateral del cerebro.

Lateralización cerebral: ¿Qué es?

Además, en este caso, existen pruebas ya superadas de que los centros de control de las capacidades cognitivas residen en uno solo de los dos hemisferios cerebrales, ya sea el derecho o el izquierdo; utilizando un ejemplo como explicación, los centros de control del lenguaje ocupan su lugar en el hemisferio cerebral izquierdo, mientras que las facultades cognitivas relacionadas con la orientación en el espacio pertenecen al hemisferio cerebral derecho.

Esta segunda peculiaridad funcional de los hemisferios cerebrales es lo que los expertos definen con el término "lateralización cerebral".

Efectos en el ámbito clínico de la lateralización cerebral La lateralización cerebral explica por qué las lesiones en un hemisferio cerebral tienen consecuencias diferentes que las lesiones en el otro hemisferio.

Funciones del hemisferio cerebral izquierdo El hemisferio cerebral izquierdo controla funciones como:
- Los movimientos voluntarios del lado derecho del cuerpo humano; - La capacidad de articular un discurso y producir un texto escrito. Esta capacidad reside en el área de Broca; - La comprensión del lenguaje; esta capacidad es compartida entre el área de Broca y el área de Wernicke; - El razonamiento lógico; - La capacidad de cálculo. Esta capacidad tiene lugar en el lóbulo parietal inferior del lóbulo parietal; - El pensamiento analítico.

Funciones del hemisferio cerebral derecho El hemisferio cerebral derecho, en cambio, preside el control de funciones como:
- Los movimientos voluntarios del lado izquierdo del cuerpo humano; - La capacidad de identificar objetos; - La orientación espacial; - La creatividad y la imaginación; - La capacidad de intuición; - La entonación y el énfasis en el lenguaje.

7

¿Hemisferio del cerebro que más utilizas?

Datos y mistificaciones sobre nuestro "órgano pensante" ¿Cuántas veces le ha ocurrido encontrar en la red un test o algo similar que pretendía hacerle comprender qué hemisferio del cerebro determinaba su forma de ser?

La importancia atribuida a esta eventual respuesta, en el sentir común, tendría de hecho implicaciones en nuestra personalidad. Muchos creen que las personas que utilizan predominantemente el lado izquierdo del cerebro deberían estar más inclinadas hacia las matemáticas y la ciencia analítica, mientras que las personas que utilizan el lado derecho tendrían una inclinación natural hacia la creatividad.

Pero, ¿hasta qué punto esto es cierto? Como suele ocurrir, la respuesta más sensata es "sólo en parte". Aunque es cierto que cada uno de nuestros hemisferios desempeña funciones ligeramente diferentes, los individuos no tienen realmente un lado dominante del cerebro que gobierne su personalidad y sus habilidades.

Más bien, la investigación reveló que las personas utilizan ambos hemisferios del cerebro prácticamente en la misma medida. Sin embargo, lo cierto es que el hemisferio izquierdo del cerebro está más relacionado con el uso del lenguaje, mientras que el derecho se aplica más a la complejidad de la comunicación no verbal.

Derecho versus Izquierdo No, no queremos entrar en el terreno político, sino simplemente hablar del supuesto dualismo de los hemisferios de nuestro cerebro. Según la creencia popular, todo el mundo tiene un lado de su cerebro que es dominante y determina la personalidad, los pensamientos y el comportamiento. Dado que las personas pueden ser zurdas o diestras, se supone que, por lo tanto, también pueden estar dominadas por un hemisferio en lugar del otro.

Por eso se dice que las personas que utilizan principalmente el lado izquierdo del cerebro son más

- analíticas - lógicas - atentas a los detalles y orientadas a los hechos - hábiles con los números - predispuestas a pensar usando palabras Por otro lado, las personas con el hemisferio derecho predominante serían más:

- creativas - abiertas al pensamiento libre - capaces de ver el panorama general de las cosas - intuitivas - probablemente estén acostumbradas a pensar en visualizaciones más que en palabras ¿Qué nos dice la investigación?

Investigaciones recientes sugieren que la teoría del cerebro izquierdo y el cerebro derecho es incorrecta. Un estudio de 2013 observó imágenes tridimensionales de más de 1.000 cerebros. En esa ocasión, se midió la actividad de ambos hemisferios con la ayuda de un escáner de resonancia magnética. Los resultados obtenidos muestran que cada persona utiliza ambos hemisferios del cerebro y que no parece haber un lado dominante.

Sin embargo, resultó ser cierto que la actividad cerebral de una persona difiere según la tarea que esté realizando. Por ejemplo, otro estudio afirma que los centros del lenguaje en el cerebro están situados en el hemisferio izquierdo, mientras que el derecho está especializado en las comunicaciones emocionales y no verbales.

La contribución a la investigación sobre la especialización hemisférica de las funciones cognitivas llevó, por ejemplo, a Roger W. Sperry, David Hunter Hubel y Torsten Nils Wiesel a ganar el Premio Nobel en 1981. Sin embargo, la exageración cultural popular en torno a estos descubrimientos ha llevado a desarrollar creencias sobre las diferentes personalidades en relación con la preponderancia de un hemisferio sobre el otro.

¿Difiere la dominancia hemisférica de una persona a otra?

El lado del cerebro que se utiliza en cada actividad no es el mismo para cada persona. El lado del cerebro que se utiliza para determinadas actividades puede verse afectado, por ejemplo, por el hecho de que una persona sea zurda o diestra. Un estudio de 2014 señala que hasta el 99% de los individuos diestros tienen los centros del lenguaje en el lado izquierdo del cerebro. Pero este es también el caso de alrededor del 70% de los zurdos.

La dominancia hemisférica varía de una persona a otra también según las diferentes actividades. La ciencia necesitará más investigaciones para comprender plenamente todos los factores que afectan a este aspecto.

En conclusión La teoría de que la personalidad de una persona está vinculada a la dominancia del hemisferio izquierdo o derecho del cerebro no está respaldada por la investigación científica. Algunas personas pueden creer que esta teoría se ajusta a sus actitudes. Sin embargo, para entender los entresijos de este increíble órgano, no hay que fiarse tanto de esas impresiones como de los modelos científicamente precisos.

La creencia común sobre la influencia de los hemisferios en nuestra personalidad puede haber arraigado tanto porque, en realidad, la actividad cerebral no es simétrica y varía de una persona a otra.

8

Sensaciones fantasmas - Cómo procesa nuestro cerebro las sensaciones

¿Alguna vez te ha tocado alguien el brazo izquierdo cuando en realidad te ha tocado el derecho? Los científicos conocen este fenómeno y lo llaman sensación fantasma: puede ayudar a esclarecer cómo nuestro cerebro reacciona y procesa la sensación del tacto.

El cerebro humano sigue siendo misterioso en muchos aspectos. Hay fenómenos complejos que escapan a nuestra comprensión, como el dolor del miembro fantasma, que se produce cuando una persona cree detectar dolor u otras sensaciones táctiles en un miembro que ha perdido por amputación.

Algunas personas experimentan alucinaciones táctiles durante las cuales creen erróneamente que están experimentando una sensación cuando, en realidad, ningún factor podría haberla inducido. Las alucinaciones táctiles suelen producirse en individuos que se encuentran bajo determinadas condiciones psicológicas, como la esquizofrenia, pero no es raro que individuos mental y físicamente sanos experimenten fenómenos similares.

Por ejemplo, cuando una persona es tocada en la mano izquierda, puede creer que ha percibido un toque en su pie izquierdo o viceversa: este es precisamente el caso de lo que los científicos denominan sensación fantasma: los investigadores que estudian esta extraña situación aún están muy lejos de comprender por qué se produce este fenómeno.

En un nuevo estudio reciente, cuyos resultados aparecen publicados en Current Biology, un equipo de investigadores de la Universidad de Nueva

York y de las Universidades de Hamburgo y Bielefeld (Alemania) explican con detalle qué caracteriza a las sensaciones fantasma, argumentando que una mejor comprensión de este fenómeno podría ayudar a los especialistas a descifrar otros misterios similares, entre ellos el dolor del miembro fantasma. Las limitaciones de las explicaciones anteriores sobre cómo y dónde nuestros procesos cerebrales procesan la sensación del tacto se hacen patentes cuando se trata de personas a las que se les ha amputado alguna parte del cuerpo o que padecen enfermedades neurológicas - señala el coautor del estudio, el profesor Tobias Heed.

Señala que, hasta la fecha, los científicos han aprendido sorprendentemente poco sobre cómo el cerebro humano procesa la sensación del tacto.

Las personas a las que se les ha amputado una mano o una pierna a menudo informan de sensaciones fantasmas en esas extremidades - continúa el profesor Heed-. Pero, ¿de dónde procede exactamente esta falsa percepción?

Estudiando a fondo los procesos cerebrales Hasta ahora, los científicos pensaban que nuestra percepción consciente de dónde se producía un toque procedía de un mapa topográfico almacenado en nuestro cerebro. Siguiendo esta hipótesis, partes del cuerpo como las manos, los pies o la cara estarían representadas en este mapa.

Sin embargo, este nuevo estudio, que se centró en el análisis del comportamiento en participantes totalmente sanos, indica que la forma en que el cerebro atribuye las sensaciones táctiles es mucho más complicada.

En el estudio actual, los investigadores llevaron a cabo cinco experimentos diferentes, cada uno de ellos con la colaboración de entre 12 y 20 adultos sanos. Durante cada experimento, los participantes aceptaron que se les colocaran estimuladores táctiles en las manos y los pies. Los investigadores utilizaron estos estimuladores para generar sensaciones táctiles en dos partes diferentes del cuerpo en rápida sucesión y luego pidieron a los participantes que informaran de dónde sentían los toques. Este tipo de prueba se repitió varios cientos de veces para cada participante.

Sorprendentemente, en el 8% de los casos, los sujetos atribuyeron el primer toque a una parte del cuerpo que ni siquiera había sido tocada, lo que nos dio la oportunidad de comprobar una distribución equitativa de la presencia de sensaciones fantasma - declara la investigadora principal del experimento, Stephanie Badde.

Las 3 características de las sensaciones fantasma La concepción anterior, como hemos mencionado, atribuía la posición de un toque dependiente de mapas del cuerpo conocidos por nuestro cerebro: sin embargo, todo esto no encaja en absoluto con estos nuevos descubrimientos.

El estudio demuestra que las sensaciones fantasma pueden tener 3 características diferentes:

La identidad del miembro: un toque en una mano se siente en la otra.

El lado del cuerpo: Una persona puede creer que siente un toque en su mano derecha cuando, en realidad, se produjo en el pie derecho.

La posición anatómica normal de la extremidad (derecha o izquierda). Por ejemplo, si una persona cruza los brazos o las piernas, colocando el miembro derecho a la izquierda del cuerpo, puede percibir erróneamente un toque en el brazo derecho como un toque en el pie izquierdo.

Cuando las partes del cuerpo se colocan en el otro lado, por ejemplo cuando cruzamos las piernas, los dos sistemas de coordenadas entran en conflicto - continúa el profesor Heed.

Los hallazgos actuales no sólo contradicen la comprensión previa de cómo el cerebro procesa la percepción del tacto, sino que, en el futuro, ayudarán a orientar la investigación sobre las sensaciones del miembro fantasma y otros fenómenos relacionados.

Un misterio fascinante que nos abre nuevas puertas para conocer mejor nuestro órgano pensante.

CEREBRO, CREATIVIDAD Y BIENESTAR El pensamiento creativo se convierte en bienestar mental y físico, ya que se propone como una alternativa válida para excluir los pensamientos negativos que limitan la capacidad de explorar el mundo interior y, además, permite aprovechar al máximo las polifacéticas capacidades cerebrales con el consiguiente beneficio.

La creatividad del pensamiento te libera del malestar precisamente en la medida en que libera la mente de los condicionamientos adquiridos; esto es particularmente importante en cada ocasión en la que se necesita una maduración psíquica y mental. De hecho, a raíz de los cambios que se producen en la vida de cada uno, algunos problemas a menudo se vuelven irresolubles precisamente por el fracaso de todo intento dirigido a buscar soluciones sobre la base de esquemas y comportamientos mentales obsoletos, en lugar de tratar de releer creativamente la situación contingente.

Estas consideraciones nos hacen comprender la importancia de conocer el funcionamiento básico de la estructura cerebral para evitar el fracaso por no poder eliminar esa opacidad intelectual y cristalización mental que generan el pensamiento negativo y, en consecuencia, el malestar psicofísico.

Estructura del cerebro El cerebro está dividido en dos secciones principales, la derecha y la izquierda, que en la evolución se han diferenciado especialmente modificando las infraestructuras neuronales de los hemisferios cerebrales superiores.

Esta división del cerebro en dos secciones refleja el hecho de que nuestro cuerpo también tiene una articulación binaria: de hecho tenemos dos ojos, dos orejas, dos agujeros en la nariz, una lengua que diferencia lo dulce de lo salado... dos manos, dos piernas, etc.

Los hemisferios cerebrales Esto sugiere que las funciones del cerebro, como expresión de una actividad pensante, son también dobles, y esto significa que podemos significar lo que observamos a través de dos modalidades alternativas y complementarias: una lógico-racional (es decir, secuencial, analítica, deductiva) y otra intuitivo-holística (es decir, sintética, globalizadora, inductiva) que corresponden básicamente a los procedimientos funcionalmente diferenciados de las actividades de los dos hemisferios cerebrales.

Es importante entender cómo se pueden coordinar correctamente estas dos formas de pensar para adquirir diferentes niveles y estilos de pensamiento, sin generar contradicciones que internamente conduzcan a peligrosas escisiones de conciencia en la construcción de la propia personalidad creativa.

A partir de los estudios de FMR (Resonancia Magnética Funcional) la diferente funcionalidad de los dos hemisferios cerebrales se interpreta como una doble capacidad de correlacionar la Memoria a Largo Plazo (LTM) con los procesos de Almacenamiento a Corto Plazo (STM) de los que se deriva la mayor o menor capacidad y velocidad de acción/reacción del pensamiento.

El pensamiento está determinado, de hecho, por el flujo de actividades de la memoria que utilizan diferentes patrones de relación entre la MLT y la MBT, que interponen el viejo y el nuevo flujo de información que circula entre el mundo externo y nuestra capacidad fisiológica cerebral.

Hemisferio izquierdo: modalidades lógico-formales para simplificar la complejidad de la información La funcionalidad lógico-racional del hemisferio izquierdo se desarrolla activando la capacidad asociativa del Área de Wernike que tiende a facilitar la integración con el MLT.

Es el área del cerebro crucial para la comprensión del lenguaje. Las personas que tienen daños neurofisiológicos en esa área no entienden el significado de las palabras y son incapaces de expresarse. Se llamó así porque fue descubierta por Carl Wernike en 1874.

La operación lógico-significativa se basa esencialmente en la combinación de cuatro operadores lógico-formales que corresponden en el lenguaje hablado a: <SÍ, NO, Y, O> que se utilizan para analizar y combinar la compleja dinámica del flujo en términos de unidades de información más simples. El SÍ hace avanzar el flujo de pensamiento y el Y permite conectar una sección o imagen adquirida con otra posterior, mientras que el NO interrumpe el flujo de pensamiento y lo desvía hacia una alternativa seleccionada por el O.

Este Modo de Pensamiento Lógico atribuible al predominio de las actividades del Hemisferio Izquierdo del Cerebro, dirige la atención y la comparación factible en términos de reconocimiento e identidad, con la experiencia pasada adquirida de la LTM (memoria a largo plazo). El pensamiento lógico, a través de sus operadores analíticos, tiene la capacidad de descubrir la mejor manera de combinar secciones del flujo de información separándolo, seleccionándolo y combinando las secciones elegidas y finalmente generando una extensión capaz de determinar una predicción sobre qué hacer; de esta manera se hace posible resolver problemas complejos mediante un procesamiento significativo del flujo de información (PROBLEMA - SOLUCIÓN). Ciertamente, esta metodología contiene el riesgo de consolidar las propias formas de pensar mediante la activación sistemática de las áreas cerebrales que permiten combinar de la mejor manera el resultado de una reflexión lógica, pero de hecho esto no permite al cerebro en su totalidad funcional reorganizar intuitivamente la información. globalmente a través de caminos paralelos más típicos de las formas de pensar del Hemisferio Derecho.

Hemisferio Derecho y Pensamiento Lateral para modificar los esquemas lógico-interpretativos Esto permite tomar conciencia de los límites del pensamiento lógico-formal y, por tanto, facilita la capacidad de desarrollar las actividades paralelas del PENSAMIENTO LATERAL para EVITAR LOS ERRORES incluso ANTES DE RESOLVERLOS (PROBLEMA - SALVACIÓN).

El psicólogo Edward De Bono identifica cuatro factores importantes que sugieren una actitud orientada a utilizar el pensamiento lateral de forma sinérgica y complementaria: 1) para reconocer y modificar los criterios e ideas dominantes, 2) que polarizan la percepción de un problema, 3) y nos impiden buscar formas diferentes de ver las cosas, 4) y por tanto soltar el control rígido del pensamiento lógico-lineal para favorecer el desarrollo de la creatividad.

La creatividad está, pues, al alcance de cada uno de nosotros. De hecho, ser creativo no depende exclusivamente de la genética, precisamente porque los genes no son capaces de gestionar los cambios físicos y mentales que se producen a lo largo de la vida.

La creatividad es, pues, la forma de saber utilizar la plasticidad del cerebro para responder a la complejidad de los acontecimientos, poniendo en funcionamiento las múltiples y articuladas funciones intelectuales de las que cada uno de nosotros está dotado genéticamente.

Como un bloque de mármol toma la forma concebida por la creatividad del escultor, así el cerebro de cada uno de nosotros puede potenciarse por sí mismo, mejorando conscientemente las funciones intelectuales, y adquiriendo así un bienestar derivado de la confianza en las propias capacidades creativas naturales. Recuerda que ser creativo no significa sólo inventar algo nuevo o ser original a la fuerza, sino que esencialmente significa encontrar la satisfacción de aprovechar al máximo el potencial de desarrollo de tu cerebro.

¿Cómo desarrollar el hemisferio derecho del cerebro? Ejercicios para la no simetría

Son raras las personas en las que el trabajo de los hemisferios es absolutamente sincrónico, es decir, la mayoría tiene la asimetría de los hemisferios cerebrales.

Las personas cuyos dos hemisferios trabajan a partes iguales, de la misma manera, pueden aprovechar al máximo su potencial mental: se convierten en genios con una excelente memoria, con la capacidad de analizar todo lo que sucede, con una excelente atención. Resulta que con la ayuda de algunos ejercicios, casi todo el mundo puede acercarse al ideal: el trabajo sincrónico.

Desarrollo de ambos hemisferios cerebrales Asegúrese de leer artículos más largos, coger un libro o leer una revista o un periódico. Somos la generación que hojea el contenido y esto debilita nuestro cerebro izquierdo. Incluso puedes leer sobre tu tema favorito, como el diseño web, los gráficos, la publicidad o el copy. La clave es que leas, no mires.

Ambos lóbulos del cerebro son completamente diferentes a la hora de considerar sus acciones. Ambos lóbulos son esenciales para garantizar una vida equilibrada. Sin embargo, en la naturaleza, un lado del cerebro puede ser más fuerte que el otro. Los niños no son diferentes. A medida que el cerebro crece, los niños tienden a mostrar diferencias notables entre los dos lóbulos cerebrales. Mientras que el lado izquierdo es importante para la escuela y las actividades académicas, el lado derecho es importante para otras cosas. Para un rendimiento óptimo en la vida, los padres deben intentar educar a sus hijos para que desarrollen ambos lados del cerebro.

Los científicos soviéticos realizaron en su momento un experimento muy interesante y curioso, basado en el cierre temporal de un hemisferio. Para ello se utilizó una corriente eléctrica.

La carga se aplicaba a un hemisferio, mientras que el otro permanecía activo. Con la ayuda de estos estudios, se pudo averiguar de forma fiable de qué es responsable cada hemisferio del cerebro.

Puede parecer muy complicado. Sin embargo, un esfuerzo conjunto le ayudará a conseguir sus objetivos. Aquí tienes algunos consejos sencillos para enseñar a tus hijos a tener una lluvia de ideas. El arte de todo el entrenamiento cerebral es bastante difícil porque se trata de dos lóbulos cerebrales diferentes, cada uno con sus propias especialidades y habilidades.

Whole Brain Study es un sistema de desarrollo neuronal general, que mejora las conexiones neuronales entre los dos lóbulos del cerebro. Con el tiempo, esto conducirá a la creación de una vía mucho más fuerte y fiable para el pensamiento neuronal. El Whole Brain Learning no sólo se refiere a la clase y al rendimiento académico. También tiene que ver con una serie de otras habilidades y capacidades además de las académicas. Un cerebro favorable es aquel que funciona mejor en cualquier condición, incluida la académica, la social, la lógica y la psicológica.

Áreas de responsabilidad de los hemisferios cerebrales En medicina, existen conceptos como persona de cerebro izquierdo o de cerebro derecho. Indican que uno de los dos hemisferios de una persona funciona mejor. Esto sólo puede afectar a su comportamiento, apariencia, capacidades intelectuales, etc.

Según la investigación científica soviética, se puede decir que una persona sana es una persona que tiene ambos hemisferios funcionando y no importa cuál de ellos es mejor. Cuando se apaga uno de los hemisferios, se observan algunos defectos en el lenguaje y el comportamiento.

Para mejorar las habilidades sociales, puede ser necesario incluir actividades que ayuden a los niños a aprender a tomar la decisión correcta, a planificar y decidir, y a ser independientes en la vida. La mayoría de los niños dotados del hemisferio derecho son bastante deficientes a la hora de expresarse delante de otras personas. He aquí algunas actividades que mejoran las capacidades del hemisferio izquierdo.

Siéntese con su hijo y juegue a un juego. Ayude a los demás a crear palabras y sílabas sencillas. Explique el significado de las palabras de forma sencilla... Si es posible, pídeles que utilicen las palabras en frases sencillas. Ejemplo. Si se crea la palabra "por favor", pide a tus hijos que utilicen esa palabra en la frase. Un ejemplo podría ser el siguiente "Por favor, dame un vaso de leche".

Por ejemplo, cuando se trabaja sólo con el hemisferio izquierdo, se ha observado que la persona se vuelve habladora, entra bien en una conversación, su vocabulario se revela completamente, es decir, se ha conservado la capacidad de pensar durante el habla. Al mismo tiempo, el propio discurso se volvía nasal, confuso, y la persona pasaba de ser un gran interlocutor potencial a ser alguien a quien incluso resultaba desagradable escuchar.

Discusión e intercambio de ideas: una discusión sobre un tema concreto es una gran herramienta para aprender a hablar delante de los demás. Cuando alguien discute o intercambia ideas, puede utilizar sus funciones cerebrales para expresarse y que todos entiendan lo que piensa. El debate también es estresante y puede erradicar el miedo a estar en el escenario.

Juegos de rol: los juegos de rol aumentan la confianza y la interacción social entre los niños pequeños. Proporcione un tema para crear una sesión de RP. Puede ser una sesión de correos en la que uno de tus hijos será el Jefe de Correos y los demás serán clientes que buscan algún servicio.

Sin el funcionamiento del hemisferio derecho, una persona pierde la capacidad de reconocer diversas entonaciones, melodías, el cerebro no procesa la información que le llega de forma correcta. Además, si el hemisferio derecho de una persona está apagado, no podrá realizar ni siquiera las tareas más sencillas, como recoger lo mismo de varias figuras. Su sentido del tiempo y del espacio está perturbado, puede olvidar mucho de lo que conocía bien.

La creatividad es la piedra angular de la vida. Sin la creatividad, las personas serían como vegetales que caminan y respiran. Además, la creatividad es una herramienta para crear algo único y especial. Los niños de cerebro derecho son muy creativos y pueden crear cosas sencillas de la nada. En cambio, los niños del hemisferio izquierdo son bastante pobres en esta área.

Modelar arcilla: El modelado de arcilla es quizás la actividad de aumento cerebral más antigua de la historia. El modelado de arcilla optimiza las áreas funcionales creativas del cerebro, como la imaginación, la creación de imágenes, el enfoque holístico y la coordinación mano-ojo. Cuando tus hijos juegan con maquetas y arcilla, los movimientos de sus dedos se fortalecen, lo cual es una necesidad básica para la creatividad. Para ser creativos y artísticos, los niños de 3 a 6 años necesitan desarrollar los movimientos correctos de las manos, especialmente los pulgares.

Pero al mismo tiempo, el funcionamiento del hemisferio izquierdo permite a una persona pensar de forma lógica, es decir, es responsable únicamente de la lógica. Se pidió a los sujetos que montaran cadenas lógicas y lo consiguieron perfectamente. Al mismo tiempo, una persona no puede nombrar ni siquiera los objetos más simples que conoce un niño pequeño.

El hemisferio derecho del cerebro es responsable de la creación de nuevas ideas, de la capacidad de predecir una situación determinada. Pero cuando el hemisferio izquierdo está apagado, todos los pensamientos e ideas permanecen dentro de una persona, ya que su discurso está significativamente perturbado. Sin embargo, el hemisferio derecho le permite captar el tono y ser un buen oyente en una conversación. Una persona así no tiene pensamiento lógico.

Unos dedos más fuertes les permiten sujetar correctamente los objetos sin ningún movimiento inestable. Todos los pintores y escultores tienen dedos muy fuertes y estables. Los expertos sugieren que los niños pequeños recojan hierba del jardín trasero para fortalecer sus dedos y movimientos. Sostener un bolígrafo o un lápiz también les ayudará a aprender y dominar sus dedos y manos. Dibujar y pintar con distintas materias, como el lápiz, el óleo y la acuarela, les ayudará a comprender las principales diferencias entre los colores y sus combinaciones.

Sólo el trabajo de ambos hemisferios ayuda a una persona a existir normalmente en un entorno natural. Aparentemente, incluso en una simple comunicación con una persona, el interlocutor debe expresar claramente sus pensamientos y entender lo que dicen, asegúrate de captar las entonaciones.

Deja que dibujen lo que quieran y que lo coloreen también. Con esta actividad, pueden ver el mundo como un todo. La imaginación es otro aspecto positivo que surge de forma natural en estos niños. Dales modelos de diferentes cosas y pídeles que se refieran a objetos naturales.

Cómo preparar el cerebro para el ejercicio Las habilidades lingüísticas surgen de forma natural para los niños más inteligentes. Por el contrario, los niños con el cerebro izquierdo son bastante deficientes en este aspecto. La tarea más importante es preparar a sus hijos en el campo de la comunicación y la adquisición básica del lenguaje.

Cada simple acción cotidiana requiere un determinado algoritmo y, sin un hemisferio que funcione, se verá interrumpido. Por ejemplo, una persona va a la tienda de pan. Esta situación cotidiana común requiere un algoritmo preparatorio, pero ninguno de nosotros piensa en ello.

Mientras tanto, una persona necesita vestirse, llevar una determinada cantidad de dinero, salir del apartamento, bajar al primer piso y, al mismo tiempo, saber exactamente a dónde, en qué dirección y a qué tienda ir, y también recordar que necesita elpan... Una situación aparentemente sencilla es imposible sin el trabajo de los dos hemisferios cerebrales.

Ejercicios para la no-simetría El diálogo y la comunicación son las dos actividades más importantes. Asegúrate de hablar con tus hijos todos los días para mejorar sus habilidades lingüísticas. La comunicación resulta fácil para aquellos niños que desarrollan la capacidad de hablar dirigiéndose a los demás con confianza y valentía. Toma el tema e inicia un diálogo. Asegúrate de que tus hijos hablen más que tú. Deben hacer preguntas y responder a las tuyas. De este modo también se perfeccionarán las habilidades orales. Ofréceles un concurso de dibujo pidiendo un tema concreto.

Por su comportamiento, una persona puede suponer cuál de los hemisferios funciona peor y cuál es mejor. Para que los dos hemisferios trabajen de forma sincronizada, es necesario reactivar el que funciona con menos eficacia. La sincronización de los hemisferios cerebrales, según muchos psicólogos, implica un duro trabajo sobre uno mismo.

Ejercicios para sincronizar el trabajo de ambos hemisferios Diversas técnicas psicológicas han desarrollado muchos ejercicios sencillos para mejorar la simetría de los hemisferios. Suelen ser utilizados por niños pequeños que quieren desarrollar ciertos talentos en ellos. Pero son perfectos para cualquier edad.

Deben ser capaces de hacer algunos dibujos y escribir sus explicaciones debajo de cada imagen. Los signos y símbolos para la lectura y la enseñanza en la escuela son otros ejercicios para fortalecer el cerebro izquierdo.

Relaciones espaciales y movimientos.

Las relaciones espaciales son una habilidad increíble para el cerebro. Por otro lado, el movimiento espacial es una rama de las relaciones espaciales y puede mejorar la potencia cerebral adecuada. Los niños que son fuertes en esta habilidad son capaces de analizar suficientemente varios trozos de información y crear una coherencia espacial significativa.

Poner en práctica varias actividades para mejorar esta fuerza mental especial.

Codos y rodillas: estando de pie y manteniéndose recto, realizar toques alternativos con el codo izquierdo de la rodilla derecha y el codo derecho de la rodilla izquierda. Haciendo estas cosas físicas, la persona forzará el trabajo de los dos hemisferios a alinearse con una cierta sincronización. Además, este ejercicio tiene análogos, por ejemplo, puede sentarse en el suelo, manteniendo la espalda recta y tocar alternativamente los dedos de los pies con la mano opuesta Anillo:

Doblar rápida y limpiamente los dedos de una mano, formando un anillo, y es mejor hacerlo hacia adelante y hacia atrás (del pulgar al meñique y viceversa) Nariz - oreja: agarrar la nariz con la mano izquierda y la oreja izquierda con la derecha. Entonces, al mismo tiempo, suelta, da una palmada y cambia. Estos ejercicios también se llaman "cruzados", ayudan a sincronizar perfectamente el trabajo del hemisferio izquierdo y el derecho; Círculos: ponte de pie sobre la pierna izquierda y con la derecha intenta dibujar un círculo en el suelo, primero en el sentido de las agujas del reloj y luego en sentido contrario. A continuación, haz lo mismo pero intercambiando las piernas. Hay que tener en cuenta que con este tipo de ejercicios se involucran al máximo ambos hemisferios, porque la pierna sobre la que se está de pie es la de apoyo, y dibujar círculos con el pie es una acción completamente secuencial. Los dos miembros inferiores funcionan al mismo tiempo, y por lo tanto los dos hemisferios diversos ejercicios de coordinación (saltos sobre una pierna con piernas alternas, sentadillas con las rodillas extendidas hacia delante, etc.) Figuras: ponerse de pie, enderezar la espalda y dibujar figuras en el aire con la mano. Las formas deben ser diferentes, por ejemplo, la mano izquierda dibuja un círculo y la derecha un rombo al mismo tiempo. La sincronización de las acciones con las manos en este caso es un paso hacia la sincronización del trabajo de los hemisferios cerebrales.

A partir de los ejercicios mencionados, una persona puede idear muchos similares y realizarlos cada día, si se ha propuesto adaptar el trabajo de los hemisferios cerebrales y utilizar su potencial al máximo.

Los movimientos de anclaje, como girar, agacharse, balancear los brazos y coger objetos del suelo, son algunas de las actividades sencillas que ayudarán a tus hijos en muchos aspectos. Correr, saltar y caminar son otras actividades que pueden mejorar el pensamiento espacial. Enseña a tus hijos a actuar según las indicaciones.

Dales algunas indicaciones y síguelas; esta actividad les ayudará a aprender símbolos y a descifrar códigos y significados ocultos. Los ejercicios cerebrales para el desarrollo integral del cerebro tienen muchas formas y patrones. Sin embargo, lo que quieras utilizar dependerá de lo que quieras exactamente de tus hijos. En muchos casos, los padres quieren mejorar el lado derecho del cerebro porque se asocia con mejores resultados académicos y de aprendizaje en la escuela.

Para conseguirlo, también es muy útil realizar otras acciones sincronizadas, como intentar hacer malabares con al menos dos objetos. Si los malabares te resultan difíciles, puedes apuntarte a clases de piano.

Los grandes pianistas pueden presumir de la sincronización de ambos hemisferios, porque tocar el piano provoca la máxima simetría. Si a una persona le gusta la música y quiere abrirse en este entorno, un acordeón o una acordeonera también son perfectos para la sincronización.

Centrarse en una sola zona del cerebro puede ser contraproducente. Si su hijo tiene un cerebro izquierdo fuerte, tendrá que trabajar mucho para mejorar el otro lado. De hecho, estos niños siempre suponen un grave problema para sus padres.

Pruebe el crujido mental del cerebro izquierdo frente al derecho Las funciones del cerebro están claramente separadas, destinadas a realizar diversas funciones. Cada hemisferio necesita un enfoque especial y, por lo tanto, hay que desarrollarlos de forma diferente.

El reto de cada hemisferio Veamos de qué es responsable cada uno de los hemisferios. El hemisferio izquierdo es la lógica, la percepción literal de la información, la habilidad matemática, la escritura, la lectura, la habilidad lingüística.

Intenta pintar un jarrón en lugar de una cara o viceversa. Alinea y compara las relaciones con el otro lado del dibujo. Esta vez puede que gane el cerebro izquierdo, pero por qué no volver a intentar el ejercicio y ver qué pasa. Podemos entrenar nuestra mente para que muchos comportamientos y procesos de pensamiento sean hábitos bien establecidos y puede costar un poco más aprender a acceder al cerebro derecho, pero se puede.

El hemisferio izquierdo es responsable de construir relaciones causales. Por lo tanto, entendemos que el pensamiento del cerebro izquierdo es inherentemente bastante racional. Ahora pasemos a pensar en el hemisferio derecho, que es más espontáneo e irracional.

La instrucción de nombrar diferentes partes de la cara significó que se le obligó a utilizar realmente el cerebro izquierdo. Luego se le pidió que completara la segunda mitad del dibujo de forma simétrica. Sin embargo, esto sólo puede hacerse insertando la parte espacial visual del cerebro en la mano derecha. Esta es la parte del cerebro que, sin saberlo, evalúa las relaciones de tamaños, curvas, ángulos y formas.

Experimente la transición del cerebro izquierdo al derecho Hemos creado deliberadamente una serie de condiciones que crean un conflicto entre el hemisferio izquierdo y el cerebro derecho para hacerle sentir esto. La dificultad de realizar este cambio crea una sensación de conflicto y confusión; a veces parece una parálisis instantánea. Sin embargo, si aprendes a apelar al cerebro derecho, puedes aprender a engañar al cerebro izquierdo para que te deje en paz y puedas seguir dibujando con el cerebro derecho, el lado del cerebro que realmente sabe dibujar.

El hemisferio derecho es responsable de la imaginación, las emociones, la capacidad musical y las artes visuales. Entre las muchas personas con talento y creatividad que todos conocemos bien, hay muchas personas zurdas, es decir, con pensamiento cerebral derecho dominante.

Son, por ejemplo, Mozart, Leonardo da Vinci, Rafael y muchos otros. Además, el hemisferio derecho es responsable de la intuición y del pensamiento imaginativo.

Así que, una vez que hemos averiguado para qué sirve el hemisferio derecho, pasemos a ver cómo podemos desarrollarlo. Por supuesto, una forma es simplemente utilizar el lado izquierdo del cuerpo, el que controla.

Es decir, se puede empezar por utilizar más la mano izquierda, por ejemplo, al lavarse los dientes, comer, fregar los platos, etc. Algunos recomiendan aprender a escribir con la mano izquierda. Sin embargo, es importante entender que el abuso de este tipo de acción puede afectar negativamente a su psique, hasta el desarrollo de la epilepsia.

Por lo tanto, se recomienda utilizar métodos "más seguros". El primero es aprender a tocar un instrumento musical. Cuando una persona toca algo, utiliza las dos manos, la izquierda y la derecha, lo que contribuye precisamente al desarrollo del hemisferio derecho en los diestros, y del izquierdo en los zurdos.

Asimismo, un tipo de entrenamiento de los hemisferios cerebrales es la escritura de textos y otras acciones similares. Ahora considere el segundo ejercicio: leer las palabras desde el final, es decir, si necesita leer la palabra "rojo", léala como "der". Esto puede hacerse con cualquier texto.

Hablando de colores: también será un buen ejercicio para el hemisferio derecho si tienes delante las palabras que representan un color, mientras que ellas mismas estarán escritas en otro color, y no pronunciarás las palabras en sí, sino el color en el que están escritas.

Por ejemplo, tienes la palabra "rojo" que está escrita en verde... Tendrás que decir la palabra "verde". A primera vista es sencillo, pero no todo el mundo puede hacerlo rápidamente.

Otro ejercicio eficaz - tocar la punta de la nariz con el dedo índice de la mano derecha, y con la izquierda - a la rodilla derecha. A continuación, aplaudir y hacer lo contrario, por ejemplo, con la mano izquierda, tocar la punta de la nariz y con el dedo derecho tocar la rodilla izquierda. Y hazlo siempre que tengas tiempo. Eso sí, intenta hacerlo lo más rápido posible.

Hay que aprender no sólo a empatizar con otras personas, sino a mirar el mundo a través de sus ojos, para que una persona esté profundamente en contacto con la realidad de otras personas.

Tiene que aprender a dibujar, a percibir el mundo que le rodea de forma abstracta, para empezar puede convertirse en un diseñador de su apartamento, hacer una foto, confiar en su intuición a la hora de elegir una combinación de colores.

Una persona necesita escuchar a menudo música relajante, durante la cual puede relajarse, recoger sus pensamientos, dirigir la energía creativa en la dirección correcta.

Y con el trabajo simultáneo de ambas manos (dibujar, escribir en el ordenador, tocar instrumentos musicales), se incluyen ambos hemisferios en el trabajo, lo que significa que el cerebro se desarrolla eficazmente.

Mientras te mueves, toca la rodilla de la pierna izquierda con la mano izquierda y toca la pierna derecha con la derecha. Aumente el número de veces con cada ejercicio. Es importante seguir el ritmo, mientras que es necesario mirar un dibujo con 2 líneas paralelas, que deben colocarse a la altura de los ojos.

Para el siguiente ejercicio, es necesario adoptar una posición cómoda, de pie o sentado. Al mismo tiempo, se puede hacer un dibujo con las propias manos, en papel o en el aire, siempre con el reflejo de la mano en el espejo.

Ejercicios para la no simetría El ejercicio se realiza de forma similar al primero simétrico, pero las manos deben tocar la rodilla contraria, mano derecha - rodilla izquierda.

Para desarrollar el hemisferio derecho, es necesario realizar regularmente la gimnasia de los dedos, puede realizar tales ejercicios: enderezar el dedo índice de la mano derecha y el pulgar izquierdo. A continuación, enderezar el dedo índice de la mano izquierda y el pulgar con la derecha en un espejo. Con el tiempo, es necesario aumentar el ritmo.

10

Ejercicios para el cerebro

Aunque no suelen ser dos elementos que relacionemos, la monotonía perjudica nuestra capacidad de concentración. Por eso, uno de los mejores ejercicios cerebrales es añadir nuevas actividades a tu rutina diaria Con la edad, el estrés y las preocupaciones, la mente se deteriora y deja de funcionar como cuando eras joven. Si este es tu caso, si estás en época de exámenes, te atormenta la ansiedad o se empieza a notar el paso de los años, te recomendamos algunos ejercicios para el cerebro.

Antes de explicar en qué consisten, debemos entender cómo funciona nuestra cabeza. Como sabes, nuestro cerebro tiene dos hemisferios, el izquierdo y el derecho, y cada uno de ellos tiene funciones diferentes.

El hemisferio izquierdo, de hecho, se ocupa de las actividades verbales y del análisis lógico. El hemisferio derecho, en cambio, gestiona toda la parte no verbal y la creatividad.

Por esta razón, los mejores ejercicios para el cerebro son los que conectan los dos hemisferios.

1. La gimnasia mental ayuda a mantener el cerebro en forma Esta gimnasia mental ayuda a potenciar la creatividad, la concentración y la psicomotricidad y, además, facilita el aprendizaje.

El sociólogo Paul Dennison propone una serie de ejercicios cerebrales consistentes en 26 sencillos movimientos corporales que ayudan a conectar los dos hemisferios. Se recomienda preceder los ejercicios de gimnasia cerebral con un pequeño calentamiento, respirando con el pecho y bebiendo un poco de agua. Lo ideal sería hacer estos ejercicios todos los días, repitiendo cada ejercicio 10 veces durante 30 segundos.

1. Ejercicio de gateo cruzado Para hacer este ejercicio, hay que levantar la rodilla derecha y, al mismo tiempo, acercar el codo izquierdo a la rodilla. A continuación, vuelve a la posición inicial y repite el mismo movimiento con las extremidades opuestas. Quizá te preguntes qué tiene que ver este ejercicio con el cerebro.

Este sencillo ejercicio optimiza el equilibrio de la actividad de nuestro sistema nervioso, lo que mejora la psicomotricidad y la concentración, necesarias sobre todo para trabajar la propia creatividad.

1. Recordar números de teléfono Memorizar números de teléfono es uno de los mejores ejercicios cerebrales. A diferencia de los dos primeros ejercicios, éste sólo requiere un pequeño esfuerzo mental. Analiza tu agenda y selecciona los números de teléfono que utilizas con más frecuencia. Después, intenta recordarlos de memoria. Haz este ejercicio todos los días y verás que tu cerebro empezará a estar mucho más receptivo en el momento en que tenga que memorizar algo. La memoria es una parte de nuestra actividad cerebral necesaria para desarrollar aspectos tan importantes como la creatividad, ya que los humanos somos capaces de imaginar sólo partiendo de lo que ya conocemos.

1. Escuchar música Una actividad placentera como escuchar música puede convertirse en tu mejor aliado contra el estrés y en un excelente compañero durante tus horas de estudio. En este contexto, destaca la investigación del Dr. Tomatis, que demostró que la música de Mozart ayuda en las terapias contra la depresión. Así nació el "efecto Mozart", que es una corriente de estudios psicológicos y musicales según la cual el ritmo y las melodías creadas por este compositor favorecen la oxigenación del cerebro. El resultado es una mejor concentración, lo que convierte a esta actividad en un gran ejercicio para el cerebro.

1. Escapar de la monotonía es uno de los mejores ejercicios para el cerebro Escapar de la monotonía.

Hacer todos los días las mismas cosas hace que el cerebro se relaje y, por tanto, disminuya los niveles de atención. De este modo, sólo perjudicamos nuestra capacidad de concentración. Teniendo en cuenta esta información, uno de los mejores ejercicios cerebrales es cambiar de casa o abrirse a nuevas formas de socializar. De hecho, conocer gente nueva ayuda a conectar los dos hemisferios del cerebro, lo cual es especialmente interesante. Por un lado, de hecho, se despierta la intuición y la curiosidad y, al mismo tiempo, ponemos en práctica la lógica y nuestras habilidades verbales.

1. No pongas las cosas siempre en el mismo sitio Por las mismas razones que hemos enumerado en el punto anterior, poner los objetos

siempre en el mismo sitio facilita la aparición de automatismos que, por supuesto, reducen nuestros niveles de atención.

Si, por el contrario, movemos algún objeto dentro de nuestra casa, tendremos que pensar en su nueva ubicación, memorizarla y recordarla, lo que equivale a una intensa sesión de gimnasio para nuestra mente, sin necesidad de nada más que nosotros mismos y nuestra casa.

11

Ejercicio de respiración para armonizar los hemisferios cerebrales

Facilitar la conexión entre los dos hemisferios ha sido durante mucho tiempo el interés de muchas disciplinas, especialmente las que se ocupan de la respiración y su función. La respiración suministra oxígeno a la sangre y la sangre nutre al cerebro, por lo que cualquier tipo de respiración estimulante debería contribuir a la salud de nuestros hemisferios, sin distinción. Tenemos todo el interés en facilitar la comunicación entre los dos hemisferios, para aprovechar al máximo todas nuestras capacidades.

Hay varios tipos de respiración que favorecen esta estimulación, aquí hay uno cuyo papel particular es contribuir al equilibrio de los hemisferios cerebrales, calmar la mente y reequilibrar el yin y el yang en el cuerpo.

- Respira de pie o sentado, con los ojos cerrados.

- Coloca los dedos corazón e índice de la mano derecha en el centro de la frente, entre las cejas.

- Imagina que la nariz es un techo cuya parte superior se encuentra a la altura de la frente, por debajo de los dedos corazón e índice.

- Coloque el pulgar en la fosa nasal derecha y el anular en la izquierda.

- Con el pulgar, cierre la fosa nasal derecha y deje la izquierda abierta.

- Inspirar el aire por la fosa nasal izquierda, hacerlo subir a lo largo del conducto nasal y dirigirlo hacia arriba, es decir, por debajo de los dedos índice y corazón apoyados suavemente en el centro de la frente.

- Cuando el aire haya llegado arriba, abra la fosa nasal derecha retirando el pulgar que la cerró y tape la fosa nasal izquierda con el dedo anular.

- Deje que el aire vuelva a bajar por el conducto nasal derecho, hacia el exterior. De este modo, el aire ha recorrido los dos lados del techo pasando por arriba.

- Ahora, inhale hacia la derecha, bloqueando la fosa nasal izquierda y dirija el aire hacia la parte superior. Cierra la fosa nasal derecha y suelta la izquierda, dejando que el aire vuelva a bajar por el canal a través de la fosa nasal izquierda, y repite.

- Continúa el ejercicio hasta que sientas que la paz mental se apodera de ti.

12

Entrenando tu mente: 12 ejercicios

Hace un par de meses, los propietarios de una popular aplicación de entrenamiento mental fueron multados con unos cuantos millones de dólares por decir a sus clientes que iban a ser más inteligentes.

¿El motivo? Publicidad engañosa: No hay ningún estudio científico en el mundo que demuestre que se puede ser más inteligente. Ni con su App, ni con otros sistemas.

Entonces, ¿para qué sirve hacer ejercicios cerebrales?

¿Es bueno entrenar la mente?

Pues bien, desde el punto de vista del envejecimiento cerebral, empiezan a surgir las primeras evidencias científicas de que entrenar la mente puede retrasar el deterioro. Y esto ya es una muy buena noticia, aunque, por desgracia, no es que los resultados sean excepcionales.

Desde el punto de vista de la potenciación del cerebro, poco o nada se sabe, y por eso los fundadores de la App se pusieron finos.

Sin embargo, creo que, a la hora de evaluar la eficacia del entrenamiento cerebral, se puede hacer una interesante analogía con las técnicas de memoria: de hecho, su aplicación no aumenta en absoluto tu memoria, sino tu capacidad de memorizar. Que son dos cosas diferentes.

Si antes de estudiar las técnicas de memoria quizás eras capaz, con tus habilidades "naturales", de leer y recordar durante unos segundos un número de como mucho 8-10 dígitos (¡y eso ya es mucho!), después de estudiarlas tu memoria "natural" sigue siendo capaz de recordar 8-10 dígitos como máximo. Por lo tanto, tu memoria no ha aumentado. Pero si utilizas la técnica de memoria de conversión fonética, tu capacidad de memorizar números alcanza fácilmente 20 o 30 dígitos, e incluso más. Ahora bien, en mi opinión, más o menos lo mismo se aplica a las demás facultades del cerebro. No creo que puedan aumentarse en un sentido absoluto, al menos no con los recursos científicos actuales que poseemos.

Porque la inteligencia en sentido absoluto es compleja, difícil de definir y de medir. Se puede entender "mejorarla".

Pero sí que podemos utilizar mucho mejor las capacidades que ya tenemos. Es decir, "tal vez no podamos volvernos más inteligentes, pero sí podemos utilizar mejor nuestro cerebro".

Pero, ¿cómo se entrena la mente?

Desde un punto de vista logístico, es mucho más fácil que ir al gimnasio.

De hecho, puedes entrenar tu mente en cualquier momento y en cualquier lugar, con una variedad prácticamente infinita de herramientas: tú mismo y el mundo que te rodea.

1. Escribe con tu mano no dominante, es decir, con la izquierda si eres diestro y con la derecha si eres zurdo. Probar de vez en cuando a escribir (a mano, no en un ordenador) con la mano "equivocada", estimula la actividad sináptica en tu cerebro (las sinapsis son estructuras que permiten la comunicación entre células nerviosas) que normalmente no se utilizan.

Y lo hace de forma masiva: escribir es, de hecho, una actividad extremadamente compleja, en la que intervienen muchas áreas cerebrales, desde las del lenguaje hasta las del control fino del movimiento de los dedos.

Además, para escribir con la mano "equivocada" también se necesita un exceso de concentración mental, que normalmente no se necesita cuando se utiliza la mano "buena".

1. Dúchate con los ojos cerrados La vista es un sentido muy poderoso, de hecho el más poderoso a la hora de utilizar la memoria; sin embargo, la utilizamos tanto que acaba por "apagar" un poco todos los demás sentidos. Y como cada uno de nuestros sentidos hace referencia a áreas cerebrales específicas, si un sentido se utiliza poco, su área cerebral de referencia también se activa poco.

Si te duchas con los ojos cerrados podrás concentrarte mejor en las sensaciones táctiles que te da el agua, y en la esponja; al igual que serás más sensible a los olores procedentes del jabón y al sonido del agua cerca de tus oídos.

Además, ¡te relajarás muchísimo!

1. Reconocer los objetos mediante el tacto Los niños del jardín de infancia suelen jugar a un juego en el que tienen que reconocer objetos, con los ojos cerrados, tocándolos sólo con las manos. Así, se encuentran

evaluando con el tacto cosas que normalmente reconocen con los ojos, en particular la textura y la forma de los objetos. Para reconocer un objeto de esta manera, el cerebro tiene que hacer muchas comparaciones y analogías con experiencias anteriores, muy diferentes de las que hace utilizando la vista.

Además, la incertidumbre sobre lo que se toca y el carácter lúdico de la tarea dan a este ejercicio un contenido emocional que afecta positivamente a la activación cerebral.

1. Jugar con los números Es una forma clásica pero siempre válida de entrenar la mente. Por ejemplo, se puede contar al revés, para estimular el cerebro haciéndole hacer algo normal (contar), pero de una forma poco habitual.

O hacer multiplicaciones en la mente entre números de dos cifras, de modo que al realizar la operación se vea obligado a crear "informes" que el cerebro debe recordar, para luego sumarlos al final.

1. Observa los objetos al revés La memoria visual es poderosa y muy útil, incluso para estudiar; pero se necesita poco para engañarla, y al engañarla la estimulas un poco.

Tome objetos cotidianos y obsérvelos después de ponerlos al revés; su cerebro reconocerá sin duda el objeto en cuestión, es decir, el patrón habitual de formas y colores que lo identifican, pero también se dará cuenta de una serie de relaciones diferentes del objeto con su entorno, así como de detalles nuevos e interesantes que ya ha visto, pero en los que nunca se había detenido antes, ¿Conoce la expresión "mirar las cosas desde otro punto de vista?". Al hacer este ejercicio descubrirá que realmente significa algo.

1. El gusto y, sobre todo, el olfato Marcel Proust comienza su obra maestra de 2.000 páginas "En busca del tiempo perdido" a partir de los recuerdos que surgen de repente al probar una magdalena (una galleta francesa). Por supuesto, ¡dos mil páginas de un libro desencadenadas por el sabor de una galleta!

Las estructuras cerebrales conectadas a nuestros receptores olfativos y gustativos forman parte de la zona más antigua y "primitiva" de nuestro sistema nervioso, y son en gran medida adyacentes al hipocampo, que se considera el verdadero centro cerebral de la memoria (y en parte de las emociones) La proximidad anatómica entre estas estructuras se refleja también en algunas correlaciones funcionales muy estudiadas en neurología: todo el mundo sabe ya que la capacidad de memoria del gusto y el olfato, aunque no sea tan detallada como la visual, no sólo es muy potente, sino que está fuertemente asociada a las emociones.

Además, sobre todo en lo que respecta al sentido del olfato, tenemos una enorme capacidad innata para distinguir diferentes estímulos sensoriales. Pero no la utilizamos.

Entonces, acostúmbrate a cerrar los ojos y a oler la naturaleza, las cosas y las personas (en este último caso, ¡ten cuidado de no volverte loco!), y podrás provocar verdaderas "explosiones sinápticas" en tu cerebro. activación mental.

1. Lluvia de ideas Tome cualquier actividad, sencilla y obvia, como abrir una botella. Y luego intenta describir al menos 20 formas diferentes de hacerla. Agotando las más sencillas, como coger un sacacorchos y abrirla, pasarás rápidamente a las más "creativas": por ejemplo, construir una máquina del tiempo y enviar la botella al futuro, donde la abrirán con telequinesis.

O enviar una mariquita al gimnasio para que se entrene, luego meterla en el tapón por un pequeño agujero y que la saque empujando desde dentro (ejemplos reales sacados de algunos talleres).

¿Le parece estúpido?

Tal vez ese sea el beneficio. Al hacer el ejercicio, el cerebro empezará a resistirse; poco a poco, irá a una zona poco utilizada, aquella en la que se activa la "suspensión de la incredulidad". De este modo, tu mente podrá trabajar sin las limitaciones que normalmente se derivan de la coherencia y la lógica.

En definitiva, el cerebro pierde sus inhibiciones y, además de dar lugar a un montón de tonterías, podrá aumentar su capacidad de producir soluciones creativas y eficaces. Para entrenar la mente con este ejercicio, es esencial que el cerebro entienda la tarea que se le asigna. De lo contrario, no será capaz de ir más allá de quince soluciones teóricas.

Recuerda que no se trata de abrir realmente la botella, sino de suprimir temporalmente el pensamiento crítico para producir el mayor número posible de imágenes cerebrales en torno a un tema determinado.

1. Haga ejercicios de velocidad mental para entrenar la mente a "ir rápido" Pruebe estos ejercicios para entrenar su mente y con los que puede poner a prueba: - la memoria visual - la memoria para las palabras - la memoria para los números - el tiempo de reacción al estímulo.

Verás, lo bueno de forzar a tu cerebro a hacer las cosas con rapidez es que naturalmente te concentras más. Y la concentración hace que utilices mejor tus capacidades mentales. Es por esta razón, por ejemplo, que en la lectura rápida, dentro de ciertos límites, la comprensión del texto aumenta en lugar de disminuir.

1. Ejercicio Cuando me gradué en la facultad de medicina, se pensaba que no podían crecer nuevas neuronas. En cambio, parece que no es así, y que la neurogénesis es de hecho posible incluso a una edad relativamente avanzada. En particular, hay una serie de estudios que demuestran el creci-

miento neuronal dentro del hipocampo. Una estructura cerebral profunda implicada en los procesos de memorización.

1. Hacer el Di Caprio en Inception En la película (¡superguay!), Inception, los protagonistas construyen mundos imaginarios enteros, a los que se trasladan después de estar inmersos en un sueño profundo. El concepto es interesante, y me recuerda a la construcción de palacios de la memoria: estructuras mentales que construyo en la memoria a largo plazo gracias a la técnica de los loci, y a las que luego vinculo información a corto plazo para recordarlas.

El esfuerzo de construir imágenes mentales precisas y detalladas en nuestra mente, tanto de cosas que hemos visto como de cosas imaginarias, es un estímulo muy poderoso para el cerebro, y una habilidad que se va refinando y perfeccionando con el tiempo. Además, si conoces y utilizas técnicas de memoria, puedes entrenarte construyendo palacios mentales que luego necesitarás para memorizar información.

1. Recuerda cosas de tu pasado Este es un ejercicio completo que estimula la concentración, las áreas de memoria y la creatividad al mismo tiempo.

Memorizar es diferente de recordar: el primero es, de hecho, el proceso por el que fijas la información en tu memoria; el segundo es el proceso por el que la recuperas después de haberla memorizado.

Recordar es en sí mismo una forma de pensar, pero diferente del pensamiento lógico o del razonamiento. De hecho, cuando piensas en algo, por muchas razones tu cerebro se ha acostumbrado a utilizar procesos relacionados especialmente con la verbalización.

Pero cuando recuerdas, tu cerebro lleva a cabo procesos relacionados principalmente con la visualización.

A grandes rasgos, razonamos con palabras y recordamos con imágenes.

Ser capaz de llevar la visualización al razonamiento puede dar a tu mente mucho combustible extra, y veremos por qué en el siguiente ejercicio.

1. Resolver acertijos "visuales" ¿Te has preguntado alguna vez por qué en muchas películas de guerra hay reuniones de generales delante de una maqueta del terreno, con soldados de plomo y tanques alineados?

El hecho es que el razonamiento estratégico necesita "ver" las cosas para ser más eficaz. Por ejemplo, intente resolver este acertijo:

"Un agricultor quiere llevar un zorro, un ganso y un saco de semillas de una orilla a otra de un río. Sin embargo, con su barca sólo puede llevar una cosa a la vez. Pero si deja al zorro solo con el ganso, el zorro se lo come. Y si deja al ganso solo con las semillas, el ganso se las come. Entonces, ¿cómo puede llevar los tres de un lado a otro? "Solución:

El primer paso sólo puede ser llevar el ganso de la orilla A a la orilla B: si llevara las semillas, de hecho, el zorro y el ganso se quedarían en la orilla A, y el primero se comería al segundo.

Y si llevara al zorro, quedarían juntos el ganso y las semillas, con el ganso comiéndoselas.

En el segundo viaje puede llevar tanto el zorro como las semillas de una orilla a la otra. Pero, en cualquier caso, tendrá que llevar el ganso de vuelta (para evitar las combinaciones zorro/ganso o ganso/semillas).

Por lo tanto, hay dos escenarios:

Si lleva el zorro de A a B, debe llevar el ganso de vuelta a A, tomar las semillas, llevarlas a B, volver, tomar el ganso y llevarlo de vuelta a B. Si en cambio lleva las semillas a B, lleva el ganso de vuelta al lado A, toma el zorro, lo lleva a B, vuelve a A, toma el ganso y lo lleva a B.

Como la mayoría de los problemas que requieren la planificación en el orden correcto de una serie de acciones a resolver (al igual que en las ciencias estratégicas), este acertijo se resuelve más fácilmente sólo si se es capaz de visualizar con precisión los distintos escenarios. alternativos.

Reflexiones sobre los ejercicios para entrenar la mente Los ejercicios que te he propuesto son, en la descripción, bastante diferentes entre sí. Pero hay algunas reglas que se repiten a menudo y que los hacen similares: La visualización mental es un poderoso estímulo para la memoria, la creatividad y la resolución de problemas Los sentidos distintos de la vista deben ser estimulados más de lo que sueles hacer, porque los usas poco y mal La vista debe ser estimulada, pero de una manera diferente a la habitual, es decir, cambiando la perspectiva Los contenidos emocionales positivos (juego, relajación, buenos recuerdos) son, para la mente, como un agradable masaje regenerador.

En definitiva, el cerebro, para aumentar su nivel de activación, parece necesitar romper la monotonía con la que interpreta e interactúa con la realidad, utilizando nuevos puntos de vista y dotando a las cosas de nuevos y agradables contenidos emocionales.

Así no se aburre y encuentra interés en las cosas y confianza en sí mismo. Al igual que su dueño.

El mayor beneficio de hacer estos ejercicios, en mi opinión, es que nos recuerdan que tenemos un cerebro y nos dan la conciencia de sus diferentes capacidades y posibilidades. Y entrenar la mente a menudo significa, después de todo, utilizar partes de ella que hemos olvidado que tenemos.

¿Qué le ocurre a su cerebro después de 8 semanas de meditación de atención plena?

Pasamos la mayor parte de nuestra vida sin darnos cuenta de lo que ocurre a un metro de nuestra nariz. No es sólo culpa del iPhone: nuestra mente organiza la poca atención que tenemos distribuyéndola según las necesidades y deseos que sentimos.

Sin embargo, como estas necesidades son en su mayoría inducidas por la sociedad a la que pertenecemos y por el ecosistema en el que hemos crecido, la mayoría de las veces nos sentimos insatisfechos y nos mueve a la acción para resolver este problema.

Para vivir de forma intencionada necesitamos quitarle prioridad a nuestras necesidades y deseos Esto nos permite eliminar el sentimiento de insatisfacción crónica que nos mantiene en ese estado de ocupación condenado por Sócrates. La solución, o al menos una posible solución, y que a mí me ha funcionado, es el mindfulness. En pocas palabras, centrarse en el aquí y el ahora.

La meditación mindfulness es una práctica ancestral que deberíamos redescubrir, por el bienestar de nuestra salud física y el equilibrio mental. Mindfulness implica atención plena, lo que significa que nuestra mente está en un estado relajado pero alerta, perfectamente sintonizada con el "aquí y ahora".

Pero, ¿en qué consiste el Mindfulness en la práctica?

Mindfulness es, en la práctica, una forma de meditación, por lo que requiere tiempo, energía, determinación, constancia y disciplina. Desde el punto de vista de los procesos mentales, adopta la forma de prestar atención, en el momento presente, a cuatro elementos el cuerpo las percepciones sensoriales propias (fisiológicas, físicas y psicológicas pertenecientes a los amplios dominios de lo agradable, lo desagradable, lo mixto y lo neutro) las formaciones mentales (por ejemplo, la ira, el dolor o la compasión) los objetos de la mente (toda formación mental tiene un objeto, uno se enfada con alguien y por algo, etc.).

La observación de estos elementos de la propia experiencia subjetiva tiene lugar en un estado de auténtica calma no reactiva, en el que se acepta lo observado por lo que es, permitiendo que los cambios se produzcan de forma natural, sin obstaculizarlos ni promoverlos y evitando la resistencia habitual o el juicio habitual que causan más sufrimiento.

A través del mindfulness se promueve la conciencia plena y la presencia activa Gracias a todo esto, nuestros sentidos se amplían pero nos libramos de la necesidad de intervenir y juzgar lo que estamos experimentando. Aprendemos a fluir. Por lo tanto, practicar la meditación trascendental de forma sistemática produce cambios muy positivos en nuestra vida diaria, en la forma de relacionarnos con los demás, en la que afrontamos los contratiempos y también en la forma de relacionarnos con nosotros mismos.

"Los cambios internos que genera la meditación mindfulness son tan poderosos que muchos psicólogos la han incluido en su arsenal de técnicas terapéuticas" De hecho, un reciente estudio realizado en la Universidad de Oxford con 1258 pacientes concluyó que "la terapia mindfulness es tan efectiva como los antidepresivos, pero no tiene los mismos efectos secundarios". Estos investigadores también descubrieron que el mindfulness es especialmente eficaz en las personas que sufren depresión recurrente y, lo que es más interesante, que es muy eficaz para prevenirla.

Ahora, un grupo de investigadores de los Países Bajos ha dado un paso más al demostrar que la meditación de atención plena no sólo funciona a nivel psicológico, sino que también provoca cambios en el cerebro.

"Hay un espacio entre el estímulo y la respuesta. En ese espacio está nuestro poder de elegir la respuesta. En nuestras respuestas está nuestra capacidad de crecer y nuestra libertad " VIKTOR FRANKL Un cerebro más conectado, relajado y atento Estos neurocientíficos han realizado una revisión sistemática de todos los estudios realizados hasta la fecha sobre la meditación de atención plena, para evaluar cómo esta práctica puede cambiar el cerebro en sólo 8 semanas.

Para ello se basaron en 30 estudios previos que analizaron los cambios funcionales y estructurales que se producen en el cerebro cuando las personas comienzan a practicar la meditación.

Resultó que los estudios informaron de cambios tanto en el nivel de actividad como en el volumen y el grado de conectividad neuronal en diferentes áreas del cerebro:

La corteza prefrontal, un área implicada en la toma de decisiones y la regulación emocional La amígdala, una estructura que actúa como protección frente a los peligros del entorno y modula las reacciones emocionales El hipocampo, una estructura que desempeña un papel clave en el aprendizaje y la memoria La ínsula, una estructura relacionada con la representación del cuerpo, que también permite tomar conciencia de las emociones, los sentimientos y los deseos La corteza cingulada anterior, una zona muy importante no sólo implicada en la regulación del ritmo cardíaco y la presión arterial, sino también en la toma de decisiones y la empatía.

Los cambios encontrados en el cerebro coinciden con otros experimentos, en los que se comprobó que la meditación ayuda a regular nuestro estado emocional, a tomar mejores decisiones, a mejorar la memoria y a ampliar la concentración.

De hecho, investigadores de la Universidad de Harvard y de la Universidad Justus Liebig han profundizado en esta práctica para entender su acción en el cerebro.

Así, concluyeron que la meditación mindfulness funciona a través de algunos aspectos fundamentales:

1. Ayuda a las personas a tener más control sobre su mente, por ejemplo, ayudándoles a desarrollar una atención plena y a ignorar las distracciones.

2. Facilita una mayor conciencia del propio cuerpo, lo que permite a las personas percibir las pequeñas señales que envía el cuerpo y así poder contrarrestar el estrés antes de que crezca demasiado.

3. Estimula el autocontrol emocional, en particular la capacidad de lidiar con las emociones "negativas" o desagradables, haciendo que las personas utilicen sus experiencias de manera más eficaz.

4. Cambia la percepción del propio "yo", ya que las personas abandonan la idea de que su personalidad es permanente e inmutable, lo que tiene un poderoso efecto terapéutico y promueve la compasión por uno mismo.

Sin embargo, lo más interesante es que estos cambios se producen tras sólo 8 semanas de práctica sistemática, lo que significa que no es necesario encerrarse en un monasterio budista para obtener todos estos beneficios, sólo hay que ser constante. De hecho, se necesita muy poco para transformarte en una persona consciente.

Estos cambios pueden verse en:

una mayor capacidad para dominar las situaciones difíciles de la vida un mayor poder para gestionar los conflictos y los problemas ordinarios y extraordinarios un aumento de la aceptación y la paciencia hacia el propio estado de enfermedad o los achaques psicológicos y físicos una nueva capacidad de la mente para sustituir las emociones destructivas, que conducen a la ansiedad y la depresión, por formas de ser más constructivas, que promueven la ecuanimidad, el amor y la sabiduría.

¿La meditación consciente es para todos?

A pesar de los múltiples beneficios de la meditación consciente, algunas personas pueden no sentirse cómodas con esta práctica. De hecho, un estudio de principios de los años 90 indicaba que durante las primeras semanas de práctica algunas personas podían sufrir pérdida de motivación o ataques de pánico.

Otro estudio más reciente, realizado en la Universidad de Washington, analizó casos en los que este tipo de meditación se relacionaba con un aumento de la ansiedad, la despersonalización y los dolores de cabeza. ¿Por qué?

El problema es que la meditación de atención plena implica una exploración profunda de nuestro "espacio interior", y no todas las personas están preparadas psicológicamente para ello. Encontrarse cara a cara con el sufrimiento y el resentimiento acumulado durante años, las tensiones corporales, los pensamientos críticos y todo aquello que se oculta a la conciencia, puede ser devastador.

Ha llegado el momento de poner las cosas en su sitio y puedes hacerlo a través de la plena conciencia de ti mismo.

CÓMO, DÓNDE Y CUÁNDO Lo más importante es la práctica constante, ojalá diaria. No hay un momento ideal, la única recomendación es no meditar en las dos horas posteriores a las comidas porque la respuesta de relajación que evoca la práctica interfiere con los procesos digestivos y viceversa. Unos pocos minutos al día son suficientes para empezar, preferiblemente a la misma hora del día para establecer un hábito que favorezca la práctica diaria.

Se puede meditar en cualquier lugar, incluso en medio de la confusión. En las primeras etapas es aconsejable elegir un entorno tranquilo que no nos distraiga demasiado.

Los ejercicios de respiración pueden ayudar a manejar las emociones negativas.

No es necesaria una postura concreta, lo importante es estar cómodo y adoptar una posición que se pueda mantener durante toda la meditación y que permita respirar sin fatiga. Sentado, tumbado o en posiciones de yoga... la elección es tuya.

Observaciones finales En resumen: meditar nos lleva a la atención plena, y esto nos permite ampliar el espacio en el que buscar respuestas a los accidentes de la vida, aprendiendo a actuar sobre lo que podemos controlar y aceptando lo que no podemos hacer. Borrando así ese estado de insatisfacción crónica en el que estamos atrapados.

14

El nervio vago

Una perspectiva de "Mindfulness Yoga" El nervio vago es el nervio más largo del cuerpo humano, parte de la sección más baja del cerebro, llamada tallo cerebral, desde la médula oblonga justo detrás de las orejas, desde ahí baja por los dos lados del cuello, a lo largo del pecho y hasta el abdomen.

El término "vago" procede del latín "vagus", que significa "vagabundo", "errante". Probablemente, los médicos acuñaron este nombre en referencia al largo e intrincado recorrido que hace el nervio vago dentro del cuerpo humano.

En su recorrido hacia el abdomen, establece numerosas inervaciones: con el conducto auditivo externo, con la faringe, la laringe y la tráquea, con los pulmones, el corazón, el estómago y los intestinos. Conecta el cerebro con los nervios que intervienen en el habla, el contacto visual y las expresiones faciales.

Para qué sirve / Qué hace El 80-90% de las fibras nerviosas del nervio vago se dedican a informar al cerebro de lo que ocurre en las vísceras, en particular en los órganos digestivos, pero más generalmente sus funciones son:

INFORMAR al cerebro de lo que ocurre (función sensorial) REALIZAR acciones (función motora) Un indicador de resiliencia ¿Te has dado cuenta de que un segmento de la población está formado por personas cuyo cuerpo, cerebro y mente son más estables y robustos en todo tipo de situaciones? Estas personas no se ven perturbadas por la riqueza o la adversidad, y consiguen mantener su ecuanimidad en condiciones de excitación, entusiasmo, impulso o en momentos aburridos, trágicos y racionales. Estos individuos suelen ser más sanos y resistentes y se les clasifica como personas de "tono vagal alto". Estas personas son más resistentes al estrés y pueden pasar fácilmente de un estado de excitación a uno de relajación y viceversa sin alterarse demasiado. Estas personas no sólo tienen facilidad para manejar situaciones estresantes, sino que suelen tener una excelente resistencia y, en general, son más saludables.

Por el contrario, las personas con un tono vagal bajo son más sensibles al estrés y pueden ser fácilmente víctimas de la enfermedad. Suelen tener una digestión difícil y dificultades para gestionar las emociones. Además, las personas con un tono vagal bajo se alarman con facilidad y suelen sufrir trastornos físicos, mentales y emocionales. El tono vagal bajo se correlaciona con condiciones de salud como la depresión, la ansiedad, el estrés crónico y el dolor.

Un tono vagal alto se relaciona con el bienestar físico y psicológico Un tono vagal bajo se relaciona con la inflamación, los estados de ánimo negativos, la soledad y los ataques cardíacos Entonces, ¿qué es exactamente el tono vagal? El tono vagal define el estado funcional del nervio vago y es su grado de actividad dentro del sistema nervioso parasimpático. Además, la capacidad inmunitaria y la resistencia de un individuo dependen directamente de la actividad del nervio vago.

Un tono vagal bajo se asocia a una serie de riesgos para la salud, mientras que las personas con un tono vagal alto no sólo son más sanas, sino también social y psicológicamente más fuertes, capaces de concentrarse mejor y recordar cosas, más felices y con menos probabilidades de estar deprimidas, más empáticas y más propensas a tener amistades cercanas.

Los estudios sobre gemelos demuestran que el tono vagal está predeterminado genéticamente, algunas personas nacen más afortunadas que otras. Pero el tono vagal bajo es más frecuente en personas con determinados estilos de vida, como las que hacen poco ejercicio, por ejemplo.

¿Qué relación tiene todo esto con el yoga?

Varios estudios de investigación sugieren que las prácticas de yoga, como el Pranayama (técnicas de respiración), el Pratyahara (retraimiento de los sentidos) y las Asanas (posturas), pueden aumentar significativamente el tono vagal y mejorar los síntomas de diversas afecciones, como la ansiedad y la depresión.

¿Por qué es tan importante?

El nervio vago, que opera muy por debajo del nivel de nuestra mente consciente, es un nervio vital para mantener nuestro cuerpo sano.

Los investigadores han demostrado que la estimulación del nervio vago puede ser un tratamiento eficaz contra la depresión crónica para quienes no responden a los tratamientos convencionales.

Es esencial para controlar el miedo Las investigaciones han demostrado que el funcionamiento saludable del nervio vago nos ayuda a recuperarnos de las situaciones de estrés y a superar el condicionamiento inducido por el miedo.

Desempeña un papel en el aprendizaje y la memoria Un estudio científico ha demostrado que un tono vagal bajo provoca una mayor dificultad para reconectar un entorno previamente experimentado como "peligroso" con una nueva situación "segura" y neutral.

Ayuda a reducir la inflamación La estimulación del nervio vago reduce la sobreproducción de TNF (una proteína inflamatoria, el factor de necrosis tumoral) que causa la inflamación crónica.

Controla profundamente el ritmo cardíaco y la presión arterial Los pacientes con insuficiencia cardíaca suelen tener un nervio vago débilmente activo.

Regula el movimiento muscular necesario para respirar El cerebro se comunica con el diafragma a través del nervio vago, que libera un neurotransmisor, la acetilcolina, para permitir la respiración. Si el nervio vago dejara de liberar acetilcolina, dejaríamos de respirar.

Cuando el cerebro desencadena la activación parasimpática, el nervio vago transmite mensajes al corazón (disminuyendo la frecuencia cardíaca y la presión arterial), a los pulmones (constricción de las vías respiratorias), a todos los órganos del sistema digestivo (para aumentar la motilidad y el flujo sanguíneo del tracto digestivo, para favorecer la defecación), a los riñones y la vejiga (para favorecer la micción) y a los órganos reproductores (para favorecer la excitación sexual).

Trastornos de la infancia

Los niños representan un mundo fascinante y misterioso. Es difícil no asombrarse ante sus progresos, sus capacidades y su vitalidad. Por eso es especialmente difícil para los padres y cuidadores enfrentarse a niños con problemas. No saben qué hacer, se preocupan y se sienten culpables. En este dossier intentamos comprender algunos aspectos del desarrollo del niño y reconocer los problemas que pueden surgir. Empezamos por el lenguaje: el niño empieza a pronunciar las primeras palabras en el primer año de vida, al año y medio las primeras frases de dos palabras y en otros dos años aprenderá un rico vocabulario y articulará frases muy complejas. A continuación se explican los cambios en el comportamiento del niño (mentir, robar y huir) y, por último, las ansiedades y fobias, desde el trastorno obsesivo compulsivo hasta el trastorno de pánico, en su mayoría los mismos trastornos que se dan en la población adulta.

Ansiedad y fobias Los trastornos de ansiedad de los niños son en su mayoría los mismos que se dan en la población adulta. Desde el trastorno obsesivo compulsivo hasta el trastorno de ansiedad generalizada, desde el trastorno de pánico hasta la agorafobia, desde la fobia específica hasta la fobia social, hasta la ansiedad debida a una condición médica. El único trastorno de ansiedad que se ha reconocido como específico de la infancia es el trastorno de ansiedad por separación.

Difusión Los estudios sobre la prevalencia de los trastornos de ansiedad han demostrado que en un rango de edad bastante amplio (entre 4 y 20 años) que incluía a niños y adolescentes, los trastornos de ansiedad estaban presentes de forma individual o conjunta en el 8-12% de la población. Estos datos sitúan a los trastornos de ansiedad como las dolencias más frecuentes entre los niños. Sin embargo, junto a esta amplia difusión, estos trastornos son raramente tratados. En cuanto al trastorno obsesivo-compulsivo, un estudio demostró que su prevalencia era de uno de cada 200 niños. El trastorno de ansiedad por separación es más frecuente en los niños pequeños, el trastorno de ansiedad generalizada en los mayores y el pánico no suele aparecer antes de la pubertad. En cuanto a las diferencias entre sexos, parece que en los varones prevalecen los trastornos de la infancia, mientras que en las mujeres lo hacen en la pubertad y la adolescencia.

Manifestaciones Es difícil hablar de trastorno obsesivo-compulsivo antes de la pubertad, si no de la adolescencia. Los niños manifiestan sobre todo los llamados rituales, mucho más raramente las ideas obsesivas. Los comportamientos obsesivos tienen dos vertientes: una a nivel del pensamiento caracterizada por las obsesiones, y otra a nivel de las acciones, caracterizada por los rituales y las compulsiones. Las obsesiones son ideas de las que uno no puede deshacerse y que provocan sentimientos de malestar extremo, mientras que el ritual puede considerarse como una repetición prolongada de conductas de verificación general (comprobar si las cosas están en su sitio). Por último, la compulsión es un sentimiento caracterizado por la compulsión a realizar un gesto. Los rituales son una forma de controlar la angustia del niño. Entre ellos, los más frecuentes son los rituales relacionados con el sueño (un momento de especial angustia). En estos casos, los padres pueden intentar consentir al niño contándole un cuento que quiera escuchar y tranquilizándole, incluso dejándole poner ciertos objetos donde quiera. Es probable que este comportamiento pueda contener la angustia del niño, permitiéndole gradualmente dejar de sentir la necesidad de los rituales para sentirse seguro. Distinto es el caso en que estos niños provienen de un entorno familiar con características obsesivas, en cuyo caso, probablemente se favorecerán estos comportamientos del niño. Esto resulta ser un gran factor de riesgo para la aparición de una organización obsesiva.

El trastorno de ansiedad generalizada se caracteriza por una dolorosa sensación de preocupación y anticipación ansiosa sobre posibles acontecimientos aterradores que podrían ocurrir. Hay ideas depresivas con sentimientos de culpa relacionados con el presente y el pasado, necesidad de tranquilidad y cercanía, miedo extremo a posibles acontecimientos futuros desastrosos, así como estado de ánimo irritable, ira y quejas. Es probable que en determinados momentos de dificultad (como las separaciones reales incluso en vacaciones, o la inserción escolar) se produzcan las crisis de angustia más agudas: los ataques de pánico.

Los ataques de pánico pueden producirse de forma aislada o formar parte de los trastornos de pánico, si son recurrentes y van seguidos de períodos de intensa preocupación por la repetición del ataque y sus consecuencias. Pueden darse dentro del trastorno con o sin agorafobia, que describiremos más adelante. Las crisis de pánico se caracterizan por la presencia de un miedo intenso asociado a síntomas somáticos, motores, vasomotores, neurológicos y psíquicos que se desarrollan de forma repentina y rápida, como: cambios en el ritmo cardíaco, sudoración, temblores, mareos, náuseas, miedo a morir o a volverse loco, etc. Sólo los padres pueden calmar estas crisis, que se producen más en el lado somático cuanto más joven es el niño. Más adelante, en los niños mayores, puede producirse la transición al acto con ira, destructividad y huida. En estos casos, una actitud firme pero benévola es esencial para calmar y poder contener estas crisis de angustia.

La agorafobia representa la ansiedad relacionada con el hecho de estar en lugares de los que no sería fácil salir o conseguir ayuda. Generalmente, los lugares que despiertan estos temores son aquellos en los que uno se encuentra solo y lejos de su casa, como los lugares concurridos o los medios de transporte públicos o privados. Este miedo implica la evitación de los lugares ansiosos.

La ansiedad por separación se manifiesta con miedo, preocupaciones, pesadillas y malestar con motivo de las separaciones de las figuras de apego o simplemente con la idea de dichas separaciones. El miedo es que les pase algo o que algún acontecimiento dramático provoque la separación de los miembros de la familia. Este miedo se manifiesta en la dificultad o incapacidad del niño para dormir solo, ir a dormir a casa de familiares o amigos, realizar actividades escolares o recreativas normales. Para hacer un diagnóstico, la ansiedad por separación debe haber durado al menos 4 semanas. Se reconoce una forma de aparición temprana, antes de los 6 años de edad.

Las fobias son miedos injustificados relacionados con acontecimientos u objetos, cuyo contacto provoca una fuerte reacción de ansiedad. Algunas fobias ya han sido descritas (como la agorafobia) y en todas ellas existen actitudes contrafóbicas de evitación y huida (por ejemplo, quedarse en casa).

La fobia específica se refiere a los miedos relacionados con objetos o situaciones como los animales, la oscuridad, el agua, mientras que la fobia social se relaciona con el miedo a estar en situaciones sociales en las que se puede estar expuesto a la observación y al juicio de los demás. El ejemplo más clásico de fobia social en los niños es la fobia escolar. Las fobias tienen beneficios secundarios evidentes, como estar en contacto con los padres y tener su atención. El desarrollo y la evolución de las fobias están estrechamente relacionados con el entorno familiar. A menudo hay situaciones fóbicas familiares, por ejemplo el miedo a los perros: los padres aterrorizados transmitirán, con toda probabilidad, su miedo al niño. En un entorno familiar tranquilizador, pero no cómplice (una comprensión excesiva de las fobias podría reforzar el comportamiento) es fácil que las fobias se resuelvan en torno a los 7-8 años. También es fundamental considerar que los miedos son un aspecto prácticamente constante en el crecimiento, deben preocupar a los padres cuando son tan penetrantes que angustian al niño y le impiden desarrollar su vida cotidiana de forma tranquila.

Tratamientos Es importante tratar los trastornos de ansiedad, ya que éstos, cuando son moderados o graves, rara vez remiten de forma espontánea y suelen ser sustituidos por otros trastornos, generalmente otros síndromes ansiosos o depresivos.

Entre las psicoterapias se suelen utilizar la terapia psicodinámica y sistémica y las terapias cognitivo-conductuales. Los fármacos prescritos suelen ser antidepresivos ISRS (inhibidores selectivos de la recaptación de serotonina), benzodiacepinas y betabloqueantes. Parece que el trastorno que mejor responde a los antidepresivos es el trastorno obsesivo-compulsivo.

Alteraciones conductuales Las alteraciones conductuales que se describirán a continuación, es decir, la mentira, el robo y la huida, tienen la característica común de estar estrechamente relacionadas con el proceso de socialización y sus posibles desviaciones. Se trata de conductas que, si son aisladas o poco frecuentes, no tienen un significado patológico, mientras que esto se presupone en los casos en los que se repiten continuamente en el tiempo.

La mentira La mentira es la alteración consciente de la verdad. Puede considerarse como una nueva posibilidad para el niño ligada a la adquisición del lenguaje. Si, en efecto, el lenguaje permite describir lo que no está presente, también puede utilizarse para modificar lo que se quiere comunicar. El niño no sólo descubre que no puede decirlo todo, sino que también puede inventar cosas. Evidentemente, para hablar de la alteración de la realidad, es necesario comprender cuándo el niño entiende la distinción entre fantasía y realidad, entre verdadero y falso. Por lo general, se considera que el niño consolida estas habilidades en torno a los seis o siete años. La mentira puede ser una forma de mantener una imagen perfecta de sí mismo, o de establecer un límite entre uno mismo y los padres. Si, por un lado, la mentira puede esconder propósitos útiles, de conquista e independencia, por otro, el niño aprende pronto que decir la verdad significa respetar las necesidades sociales y obtener la estima de los demás. La verdad servirá entonces para gratificar a los padres y aumentar la autoestima, mientras que la mentira mantendrá una ilusión de perfección, que no hará más que disminuir la autoestima.

Hay tres tipos principales de mentira

- la mentira utilitaria - la mentira compensatoria - la mitomanía.

La mentira utilitaria es la más parecida a la que utilizan los adultos: mentir para evitar o conseguir algo. El hecho de que las mentiras sigan siendo hechos aislados o se conviertan en un modo de comunicación está estrechamente relacionado con el comportamiento y la reacción de los padres. Por un lado, será importante no avergonzar al niño y no tener una actitud excesivamente moralizante. De hecho, en este caso el niño aterrorizado puede tener la tentación de volver a mentir para intentar salir adelante o hacerse una idea de sí mismo como un niño malo, que no puede merecer la estima de los padres, con la consecuencia de que el niño tenderá a comportarse como los padres esperan: como un niño malo. Por otra parte, una actitud laxa o crédula corre el riesgo de allanar el camino para un uso más frecuente de la mentira, para salir adelante en diversas circunstancias. Pero quizá el elemento más importante que determina los comportamientos posteriores sea la sinceridad de los propios padres. Ser sincero permite dar al niño una idea de fiabilidad y solidez. Una actitud constructiva consistirá en detectar la mentira del niño sin ensañarse con él y darle la sensación de que haber hecho una "maldad" no significa ser un mal hijo.

La mentira compensatoria es utilizada por el niño para obtener una imagen que considera inalcanzable y deseable. El niño puede inventarse cualquier cosa, puede decir que es hijo de un rey, que vive en un castillo, que tiene un caballo. A menudo los niños inventan personajes con los que conversan. Este comportamiento no es preocupante hasta los 6 años, después de lo cual puede ser un indicio de inmadurez, alteraciones e incertidumbres en la identificación y la conciencia de sí mismo.

La mitomanía representa el grado extremo de la mentira compensatoria. Es una tendencia al límite entre lo voluntario y lo involuntario. En los niños pequeños puede considerarse casi fisiológica, pero en general la mitomanía, al ser una manifestación extrema, se da en contextos de carencia afectiva severa, en niños que no tienen uno o ambos padres, que nunca los han conocido, y/o con trastornos de identificación severos.

El robo El robo es la alteración conductual más frecuente y supone aproximadamente el 70% de las conductas delictivas juveniles. Lo cometen con mucha más frecuencia los varones que las mujeres. Para poder hablar de robo es necesario que el niño tenga la noción de "propiedad", y que también haya desarrollado la noción de "bien" y "mal". El niño pequeño, de hecho, considera que todo es suyo y sólo a partir de los seis o siete años puede no sólo entender que se está apropiando de algo que no es suyo, sino también que eso está mal. Las diferentes edades se caracterizan por diferentes tipos de robo, no hay necesariamente una relación consecuente entre un niño que roba y el hecho de que se convierta en ladrón cuando crezca. Los niños empiezan a robar en casa, sobre todo cosas que quieren, y luego de casa pasan a entornos concurridos como la escuela o las tiendas. Es un robo diferente al anterior, de hecho se comete no tanto por el interés en el objeto, como para cometer el acto de robo. El sentimiento de culpa no suele estar presente en los niños más pequeños, mientras que caracteriza a los mayores. Esto explica por qué los objetos robados suelen dejarse en lugares visibles, como para provocar un castigo. En los niños mayores, el robo suele adquirir un significado dentro del grupo, revelando características más preocupantes.

El contexto familiar del niño que comete robos es casi siempre un contexto de ausencia, de carencias reales o afectivas, de extremos caracterizados por el máximo rigor o la completa laxitud. Muchos autores han señalado que el niño que roba es como si intentara recuperar la posesión de algo que le pertenece por derecho:

la madre y su afecto. Es fundamental captar este aspecto e intentar apoyar al niño en su búsqueda de respuestas y afecto. El robo puede ser uno de los primeros pasos en el camino de la delincuencia, tiene como objetivo la obtención de beneficios materiales y a menudo el sentido de la culpa está ausente. No es raro que forme parte de un rito de iniciación para entrar en un grupo (casi siempre de tipo desviado).

Fuga Para hablar de la fuga, es decir, del abandono del lugar donde el niño debería estar, es necesario identificar el momento en el que el niño es consciente de su hogar. La fuga no es una pérdida. Por eso, podemos hablar de fuga a partir de los seis o siete años. La fuga tiene una duración que puede variar de unas horas a unos días. En los niños pequeños, las fugas están motivadas sobre todo por el deseo de llegar a un lugar o a unos seres queridos (como los padres o los abuelos) o de escapar de un lugar temido o detestado. La mayoría de las veces el niño deambula por la casa y pretende ser encontrado. No hay características de personalidad de los fugitivos. A menudo observamos la fuga en niños que han pasado por muchas separaciones y desprendimientos, sin nadie que les ayude a procesarlos, (niños en instituciones o familias conflictivas). Otra fuga frecuente es la huida de la escuela. Se da sobre todo en niños con dificultades para tener éxito, en niños ansiosos o con fobia a la escuela. En otras ocasiones, la fuga forma parte de un cuadro psicopático. La mayoría de las veces estos episodios terminan, bien porque la familia se da cuenta de ellos, bien porque el niño ya no puede tolerar la carga de angustia y confiesa. No hay que subestimar los beneficios secundarios que puede obtener un niño al ver a sus padres enfadados y, sobre todo, preocupados. Es importante tratar de comprender el malestar que experimenta el niño para evitar que se utilice la conducta de evasión siempre que el niño desee afecto y consideración en la mente de los padres.

Postfacio

Una de las características útiles para alcanzar grandes metas es la capacidad de volver a enfrentarnos a nuestros retos una y otra vez: y la vida personal y laboral está llena de retos y dificultades, a veces inesperados. Para tener éxito debemos abrazar a nuestro guerrero interior y encontrar nuestra capacidad de resiliencia. La resiliencia es nuestra capacidad de sacar energía de nuestro interior para seguir adelante, para seguir teniendo esperanza.

La esperanza, una de las 10 emociones positivas que Fredrickson identificó, es la emoción mágica que recuerda nuestro sueño, por qué estamos haciendo lo que hacemos y las razones por las que empezamos. La esperanza es la base de la resiliencia. Es esa poderosa y famosa olla de oro que encontraremos al final de nuestra historia, que hace que el sufrimiento que experimentamos para llegar a ella merezca la pena.

1. Sentido de comunidad No hay duda: somos más resilientes cuando tenemos relaciones de apoyo a las que recurrir. Ser resiliente es una capacidad que se desarrolla en situaciones de sufrimiento, pero no está ligada sólo al individuo y conecta bien con la comunidad, que nos apoya para ser más resilientes.

La resiliencia requiere que se comparta, aunque sea un intercambio bidireccional. El mejor escenario es tener una comunidad diversa en experiencia, edad, perspectivas, talentos, habilidades y puntos de vista.

Estas diferencias nos ayudan a ser más resilientes. Tener un sentido de comunidad nos enseña a mirar hacia fuera y ver una grandeza que existe más allá de nuestros deseos individuales. Somos capaces de ver que podemos provocar un cambio tan significativo, lo que hace que la adversidad individual también sea interesante.

1. Nada es insuperable No podemos permitir que los demás nos digan "No". Debemos tener la profunda convicción de que nada es insuperable. Siempre hay más de una forma de escalar la misma montaña. La resiliencia no consiste sólo en luchar y sobrevivir, sino en ser lo suficientemente ingeniosos para prosperar. Tenemos que ser capaces de convertir cada "no" en un "adelante al siguiente", tomar la decisión de profundizar y hacer lo que creemos que es insuperable.

Una vez que vemos que podemos hacer lo que creíamos imposible, estamos mejor preparados para los nuevos retos que seguramente abordaremos con determinación. La resiliencia requiere cierta obstinación para hacer lo que nos proponemos, independientemente de la adversidad.

1. El cambio es una constante El cambio y el desafío son fundamentales para el desarrollo de lo que somos y son una constante. La forma en que gestionamos el cambio es una muestra de nuestra capacidad de adaptación y resiliencia.

Para ser resilientes, tenemos que ser flexibles ante los cambios que surgen. Cuando nos enfrentamos a un reto, cada uno de nosotros tiene el derecho y la responsabilidad de examinar los caminos que nos preceden y los que ya hemos recorrido. Sin embargo, al hacer un balance de dónde estamos ahora, también tenemos el derecho de abandonar todos los caminos negativos, sin sentirnos avergonzados o apenados, y tomar otra dirección. Para ser resilientes, debemos ser lo suficientemente sabios como para entender que cuando no podemos cambiar nuestras circunstancias, debemos cambiarnos a nosotros mismos.

1. Apégate a tu sueño A menudo se dice a los emprendedores que encuentren su "por qué" (el libro de Simon Sinek, 'Partir del por qué', es precioso en este sentido), pero pocos saben que los orígenes de este consejo nacen de la búsqueda de sentido de Viktor Frankl, en sus notables memorias sobre los supervivientes del campo de exterminio de Auschwitz. Frankl se dio cuenta en Auschwitz de que lo que diferenciaba a los supervivientes de los que habían muerto era una combinación de suerte y una fuerte razón para vivir. De hecho, Frankl escribió: "Cuando un hombre conoce el 'por qué' de su existencia, será capaz de soportar cualquier 'cómo'".

La responsabilidad que tenemos en la vida es siempre hacia los demás, porque el amor, más que el éxito o la riqueza, nos da la razón más profunda y significativa para seguir adelante. Nuestro "por qué" es lo que nos motiva a aferrarnos a nuestros sueños. La felicidad, la resiliencia y la motivación aumentan enormemente cuando tenemos algo que esperar, un objetivo; por lo tanto, es imperativo mantenerse centrado en nuestro panorama general cuando nos enfrentamos a las dificultades. De este modo, la felicidad y el éxito no son la meta de nuestro viaje, sino el efecto secundario del mismo.

1. Cultiva tu mente leyendo historias de cambio Ve en busca de los éxitos de otras personas. Cuando estamos en medio de nuestros momentos más difíciles, es esencial encontrar historias de quienes han sobrevivido a experiencias similares a las nuestras. A través de sus historias encontramos esperanza, nuevas perspectivas y nuevas formas de afrontar nuestras pruebas.

Podemos recurrir a grandes poesías, historias significativas, música y películas. Todos estos recursos nos inspirarán para encontrar nuestro propio propósito. La lectura alimenta nuestra mente y desarrolla nuestra sabiduría. A través de la lectura, hacemos crecer nuestra educación y fortaleza para alinearnos con los retos que requiere nuestro viaje. Cuando alimentamos nuestra mente, alimentamos nuestro espíritu. La lectura ayuda a construir nuestra resiliencia porque llena nuestra mente de información que nos inspira a hacer.

1. Seguir avanzando Para seguir avanzando necesitamos ser fuertes. La resiliencia no se limita a sobrevivir a las profundidades y los terrores de la rutina. También significa mantener un corazón lleno de esperanza, creer en la magia de este universo y no perder nunca el sentido del humor. Si nos tomamos demasiado en serio, nos quemamos. Debemos esforzarnos por ser lo más ligeros posible. La presión mata el deseo. El movimiento se inspira en el deseo, en la alegría y en la capacidad de mantenernos firmes en nuestras creencias. Para seguir moviéndonos necesitamos tener espina dorsal, la voluntad y el profundo compromiso de seguir dando el siguiente paso hacia nuestra meta.

1. Es normal que nos deprimamos cuando se nos pone a prueba. Podemos perder la fe en nosotros mismos, o pasar por momentos en los que sentimos que lo estamos haciendo todo mal. Las dificultades a las que nos enfrentamos en la vida y en el trabajo son esenciales para nuestro éxito. Es a partir de nuestro sufrimiento que reconocemos nuestra profundidad, resistencia y sabiduría. Llegamos a descubrir el verdadero significado de lo que somos y de lo que estamos hechos. El desafío nos lleva a la puerta de nuestra trascendencia personal y profesional. A través del autodescubrimiento, encontramos claridad. Somos capaces de descubrir, reconocer y gestionar nuestros puntos ciegos. Aprendemos a eliminar nuestras barreras, desafiando viejas creencias, análisis y todas las falsas suposiciones que podamos soportar. Descubrimos que no necesitamos cambiarnos a nosotros mismos, sino centrarnos en nuestra mejora.

1. Ámate a ti mismo Cuando nos amamos a nosotros mismos, nos reímos más, sonreímos y somos más resistentes. Debemos ser auténticos y

no ocultar lo que somos a los demás. La autenticidad es lo que crea y profundiza los vínculos.

Cuando nos amamos a nosotros mismos, tenemos esa innegable resiliencia, que naturalmente eleva el espíritu de los demás también. Es importante amar y reconocer a los demás, darles esperanza e insuflarles bondad. Cuando nos sentimos valorados, es mucho más probable que expresemos nuestra opinión y que hablemos en favor de nuestra integridad y la de los demás contra la negatividad.

La resiliencia nos ayuda a desarrollar una voz que compite con los juicios de los demás.

La resiliencia nos da la resistencia para superar los momentos más difíciles. Es importante contar con el apoyo de la comunidad y la tenacidad individual para no renunciar nunca a nuestras aspiraciones. Debemos recordarnos constantemente que somos algo milagroso; las verdaderas maravillas del mundo. Las cosas no siempre irán por el camino correcto, así que tenemos que mirar hacia dentro, aferrarnos a nuestras visiones y adaptarnos a los cambios a los que nos enfrentamos.

Nunca debemos subestimar lo que somos y lo que podemos hacer por los demás.

Para ser resilientes, debemos apreciar a todas las personas. Por encima de todo, nunca debemos aceptar un "no" como respuesta. Si lo hacemos, permitimos que otro determine nuestro destino. Debemos ser capaces de determinar nuestro valor, nuestro destino.